Christiane Lutz

Kinder und das Böse

Konfrontation und Geborgenheit

Verlag W. Kohlhammer
Stuttgart Berlin Köln Mainz

CIP-Kurztitelaufnahme der Deutschen Bibliothek

Lutz, Christiane:
Kinder und das Böse: Konfrontation u. Geborgenheit/Christiane Lutz.
– Stuttgart, Berlin, Köln, Mainz: Kohlhammer, 1980.
    ISBN 3-17-005488-0

Inhalt

5

Liste der Bilder

1. *Angst als Grundgegebenheit neurotischer Konfliktspannung*
   2 Bilder eines Dinosauriers (Peter, 9 J.), Bilder 1 und 2

2. *Das Böse in seiner archaischen Form*
   Frau Bösewichtin (Cornelia), Bild 3
   Vampir Bösewicht (Harry), Bild 4
   Fledermaus (Harry), Bild 5
   Gruppenbild (Myriam), Bild 6

3. *Das Böse in der Illusion*
   »Ich will machen, was ich will« (Bettina), Bild 7
   Chinese Bösewicht (Myriam), Bild 8
   Babs Bösewicht (Bettina), Bild 9

4. *Das Böse in seiner leeren Aufgeblasenheit*
   Marsmensch Bösewicht (Jörg, 9 J.), Bild 10
   Rocker Bösewicht (Bettina), Bild 11

5. *Das Böse in der Depression*
   Marianne Bösewicht, die Leidende (Cornelia), Bild 12
   Hypnotiseur Carlo von Bösewicht oder der Traurige (Harry), Bild 13
   Der Enttäuschte von Bösewicht (Harry), Bild 14

6. *Das Böse als anmaßende Großartigkeit*
   Professor Bösewicht, der 1., der Unübertroffene (Harry), Bild 15
   Professor Bösewicht, der Eroberer der Welt (Markus), Bild 16

7. *Das Böse als hohle Herrschsucht*
   Prinz Friedrich III. Bösewicht (Bettina), Bild 17
   Muskelprotz Bösewicht (Markus), Bild 18

8. *Das Böse als aggressives Machtstreben*
   Baby Bösewicht (Cornelia), Bild 19
   Jugendliche[r] (Harry), Bild 20

9. *Das Böse als aggressives Geltungsstreben*
   Opa Bösewicht (Harry), Bild 21
   Oma Bösewicht (Cornelia), Bild 22

10. *Wandlung und Integration*
    Kato, der Brecher (Harry), Bild 23

»Könnte das Böse vernichtet werden, so erlitte das Göttliche oder das Dämonische überhaupt einen namhaften Verlust, es wäre eine Amputation am Leib der Gottheit.«

(*C. G. Jung,* Ges. Werke Bd. 5)

Das Böse – die andere Seite des Menschen

Wir erleben auf vielfältige Weise die Bedeutung und Bedeutsamkeit des Bösen. Wir müssen uns damit auseinandersetzen, fühlen uns von ihm betroffen und stehen oft hilflos vor seinen vielschichtigen Phänomenen, die erschreckend, erschütternd menschliches Sein und menschliches Tun infrage stellen.

Das Böse als das andere, das nicht sein darf und doch ist, das immer dort am stärksten auftritt, wo es verpönt und bekämpft wird, wurde für die Menschen immer wieder Quelle stärkster Faszination. Es galt als das andere, das bekämpft und ausgerottet werden mußte, um dem Menschen zum absoluten Gutsein zu verhelfen, an das er aber im Geheimen nicht glauben durfte.

Eine Vielzahl von Beispielen im Rahmen der Geschichte spricht von diesem erbitterten Kampf gegen das Böse; eine verzweifelte Auseinandersetzung, die häufig zur existentiellen Seinsfrage wurde. Ich denke in diesem Zusammenhang an die Christenverfolgungen, an Inquisition, an Hexenverbrennungen und Teufelsaustreibungen, an politisch getarnte Vernichtungsmanöver ganzer Völker.

Oft wurde das Böse als absoluter Feind des Guten blutig verfolgt und selten wurde den Menschen bewußt, daß sie mit ihren Handlungen sich häufig schlimmer gebärdeten als dieses Böse, das sie bekämpften. Der Andere, der Andersdenkende, der Andersgläubige wurde oft zum Außenseiter stilisiert, der Sicherheit und Harmonie durch sein Anderssein zu stören schien, der mit anderen Einstellungen, Lebenshaltungen verunsicherte, Affekte provozierte und die Angst vor der eigenen dunklen, mühsam verborgenen Seite verstärkte. Strenge moralische Wertungen von gut – böse, richtig – falsch auf der Seite derer, die sich für die Rechtgläubigen hielten, legitimierten dieses Tun. Damit wird bereits ein Teil der Gesamtproblematik deutlich, die besagt: je richtiger ich mich erlebe, je besser ich sein will, desto mehr kann ich bereits der Dämonie des Bösen ausgeliefert sein; indem ich das Böse mit Bösem bekämpfe, indem ich den Teufel mit dem Beelzebub auszutreiben versuche, bin ich der dunklen Seite in mir bereits verfallen. Wenn wir die Menschheitsgeschichte überschauen, so steht bereits am Anfang der Bewußtseinsentwicklung der Mythos vom Paradies. Schon hier haben wir in symbolischer Form die Darstellung einer Konfrontation und Auseinandersetzung mit dem Bösen, so wie sie sich im Bild der Schlange darstellt. Wir müssen aber dabei wahrnehmen, daß dieses Böse in der Person der Schlange einen durchaus doppelten Aspekt hat, ist sie doch gleichzeitig diejenige, die dem Menschen mit dem Ungehorsam die Möglichkeit einer Bewußtwerdung, einer Ich-haftigkeit zuspielt, die in der Abhebung von der paradiesischen Infantilität, in der Adam und Eva lebten, die Chance der Selbstverwirklichung in sich trägt. Mit dem Sündenfall setzt der Prozeß der verhängnisvollen Polarisierung von Gut und Böse ein, es entsteht ein »Urschuldgefühl« gegenüber jeglichem Streben nach Erkenntnis, das letztlich erst Ich-haftigkeit und Selbst-Bewußtsein ermöglicht. Hier beginnt der gefährliche Irrtum einer scheinbaren Notwendigkeit: der Abspaltung der animalischen Triebnatur des Menschen von seinem »Göttlich-Sein«, ein Verdrängungsprozeß, der über Jahrhunderte hinweg die Uneinigkeit des Menschen mit sich selbst als gottgegebenes Faktum postuliert. Damit ist der Mensch seiner spezifisch menschlichen Tragik ausgeliefert, einer Tragik, die wohl die eigentliche Vertreibung aus dem Paradies bedeutet, nämlich dem Verlust der Einheit mit sich selbst.

Die innerpsychische Realität des Menschen wurde die eines »Wanderers zwischen beiden Welten«, als der, der pendelt zwischen zwei nicht zu vereinbarenden Extremen, die im Grunde beide seiner eigensten Person entsprechen, die aber nach gängigen Moralvorstellungen unvereinbar scheinen und doch erst in ihrer Harmonisierung Menschlichkeit ermöglichen. Bewußtwerdung auf diesem Hintergrund verstanden heißt also nicht so sehr sich für Gut oder Böse, für ein Extrem, einen Pol zu entscheiden; Bewußtwerdung verstehe ich als Bereitschaft des Menschen, sich selbst in seinem menschlichen So-Sein anzuerkennen, sich annehmen zu lernen in seinen hellen und dunklen Möglichkeiten und die nie ermüdende Bereitschaft, die Integration beider Seiten zu einem Ganzen immer wieder neu zu versuchen.

In diesem Augenblick wird auch die Grundsatzdiskussion, ob der Mensch als gut oder als böse anzunehmen sei, letztlich gegenstandslos. Der Mensch ist weder das eine noch das andere, aber beides in ihm, seine hellen und seine dunklen Seiten, seine guten und seine negativen Möglichkeiten sind auf Abruf bereit. Sie streben nach Differenzierung und Reifung und erst dann entfaltet das sogenannte Böse sein unheilvolles Tun, wenn es nicht wahrgenommen, wenn es in den Untergrund abgedrängt wird. Erst dann, wenn sich der Mensch als Repräsentant des absolut Guten versteht, an sich den Anspruch erhebt, nur gut zu sein, sich ausschließlich mit dem Guten identifiziert, erst in diesem Augenblick ist er im Grunde der Dämonie des Bösen in seinen negativsten Ausformungen verfallen.

Betrachten wir das Problem des Bösen aus sozialethischer Perspektive, erleben wir, daß in der Bewertung dieses Phänomens die individuelle und die kollektive Ebene eng verbunden sind. Individuelles Tun prallt auf kollektive Normen, Wertungen, Meinungen und prägt wiederum rückwirkend das Empfinden des einzelnen, formt die Einstellung zur eigenen Person.

Das Böse wird zu einer Dimension der eigenen Psyche, die in ihrer schillernden Zwielichtigkeit ängstigt und damit zu einer Vielzahl von Abwehrmechanismen provoziert. Mit Hilfe von Vermeidung, Verleugnung, Verkehrung ins Gegenteil oder einer weitgehenden Verdrängung versucht der Mensch sich im »strebenden Bemühen« mit dem Guten zu identifizieren, um dann immer wieder hilflos vor den Manifestationen des Bösen in der Welt ebenso sehr wie innerhalb der eigenen Person zu stehen.

Je stärker jedoch der Versuch gemacht wird, eigene negative, »böse« Regungen zu unterdrücken, sie zu negieren, desto lebendiger wirken sie im Unbewußten, je stärker Gefühle von Haß, Neid, Eifersucht, Wut geleugnet werden, desto mehr setzen wir uns der Gefahr eines plötzlichen Durchbruchs dieser Gefühle aus.

Im Rahmen der therapeutischen Arbeit mit Gruppen konnte ich wiederholt erleben, daß ein solcher Triebdurchbruch als ein durch die Vielzahl von Individuen potenziertes kollektives Phänomen, sich zu einem negativen Rauschzustand steigern konnte, der in seiner Konsequenz die Gruppe zu sprengen drohte. Damit wird die

Gefahr negativer kollektiver Wirksamkeiten Realität, Meinungen und Vorurteile dominieren und löschen lebendige Individualität aus. Der dynamische Entwicklungs- und Reifungsprozeß stagniert.

1. Der Umgang mit dem Bösen im Spiegel der Kinderzeichnung

In der therapeutischen Arbeit mit Kindergruppen ergeben sich wesentliche Anstöße zur Neuorientierung aus der ständigen Auseinandersetzung mit den Gruppenmitgliedern. Im Freiwerden positiver und negativer Spannungen erweist sich die Gruppe als Interaktionsfeld vielfältiger akuter Konfliktsituationen, die das Kind in der Realität draußen einerseits erlebt, andererseits als innere Befindlichkeit mit sich herumträgt. Die Gruppe hat unter anderem eine Spiegelfunktion, indem sie das Kind mit seinem eigenen Verhalten konfrontiert, ihm seine Wünsche, seine Möglichkeiten, innere Konfliktspannungen vor Augen führt und auf der anderen Seite ebensosehr Fehlverhalten durch die Reaktionen der Gruppe spürbar werden läßt.

Die Nähe zur Realität, die durch die Gruppenkonstellation gegeben ist, bietet dem einzelnen Kind immer eine doppelte Möglichkeit an: Einmal hat es die Chance, auf frühkindliche, konfliktgeladene Entwicklungsstufen zu regredieren, negative Erfahrungen wiederzubeleben und neue Lösungen anzuvisieren, andererseits bietet die Gruppe jedoch gleichzeitig neue Orientierungsmöglichkeiten in einer insgesamt zugewandten, wohlwollenden Gesamtsituation an, die im besten Fall zu einer positiven neuen Erfahrung werden können.

In der Praxis der therapeutischen Arbeit mit Kindern erlebte ich in der Auseinandersetzung mit dem Phänomen des Bösen das Malen als entscheidende Hilfe. Es bot den Kindern die Möglichkeit, Inhalte, die noch nicht oder nicht mehr verbal geäußert werden konnten, in einer neuen und in der Regel wesentlich direkteren Form zur Darstellung zu bringen. Die zum plastischen Bild transponierte Aussage bot auch für die antwortende Reaktion mehr Möglichkeiten an, als das Wort. So bestand der Kommentar häufig ebenso wortlos in Bildern anderer Gruppenmitglieder, die das

Thema aufnahmen, variierten, von einer anderen Seite beleuchteten, lange bevor wir darüber sprechen konnten. Über die direkte inhaltliche Aussage hinweg, kann jedoch die Zeichnung des Kindes bereits aufgrund der formalen Gegebenheiten eine Vielzahl an Informationsmöglichkeiten anbieten:

Formale Kriterien

Es erscheint mir wichtig, diese maltechnischen Kriterien in die tiefenpsychologische Betrachtensweise des Gehalts einer Kinderzeichnung miteinzubeziehen. Sie geben uns u. U. entscheidende Hinweise für die konflikthafte Dynamik und können darüberhinaus auf Inhalte hinweisen, die besonders angstbesetzt sind.

Malmaterial

Stehen wir Zeichnungen gegenüber, die trotz eines Angebotes an Farben nur mit Bleistift gemalt wurden, ist anzunehmen, daß die Zeichnung in ihrer Aussagekraft emotional gehemmt und abgewehrt wird. Häufig ist eine gewisse Angst vor Festlegung spürbar, der Versuch, sich alle Möglichkeiten offen zu halten, sich nicht zu binden. Treten starke Schwärzungen auf, sind häufig depressive Verstimmungen oder sogar die Darstellung einer tieferliegenden Depression innerer Gehalt.

Die Verwendung von Filzstiften, die ein sehr exaktes und konturiertes Arbeiten mit der Farbe ermöglichen, steht häufig im Vordergrund bei ängstlichen Kindern, denen es noch schwerfällt, sich mit der Fülle eigenen emotionalen Erlebens auseinanderzusetzen. Die genauen Linien und Abgrenzungen zeugen von dem Versuch, abzugrenzen, einzuordnen, wobei häufig zwanghafte Züge zum Durchbruch kommen. Ein positiver Aspekt liegt in der Tatsache,

16

Abb. 1: Dinosaurier I

Abb. 2: Dinosaurier II

Abb. 3: Frau Bösewichtin

Abb. 4: Vampir Bösewicht

daß Mut gefunden wird zu einer eindeutigen Linie. So ist das Malen mit Filzstiften gelegentlich auch als Versuch zu verstehen, mit Hilfe des zeichnerischen Prozesses erste Schritte zu unternehmen, um eigene Strukturen zu entwickeln, Versuche, die häufig mit Selbstbehauptung, einer Abhebung von der Umwelt und deren Bedürfnissen Hand in Hand gehen.

Wachsfarben und Wachsstifte sind in ihrer Eigenart leuchtstark und ermöglichen ein intensives Ausdrucksspiel. In der Vielfalt ihrer Farben, in der Variabilität der Nuancen können Kinder bereits in einer recht differenzierten Weise emotionale Inhalte ebensosehr, wie ein persönliches Betroffensein zur Darstellung bringen. Kinder, die im Rahmen einer therapeutischen Behandlung zu Wachsfarben greifen, zeigen damit in der Regel, daß ein aktiver, dynamischer Prozeß in Bewegung gekommen ist, daß die Patienten bereit sind, sich der vielschichtigen Fülle eigenen Erlebens zu stellen und den sich darin verbergenden Reichtum wagen auszuschöpfen, selbst wenn er unter negativem Gefühlsaspekt steht.

Fingerfarben sind in ihrer Eigenart ganz speziell geeignet zur Auseinandersetzung und Problemlösung vor allem, wenn es sich um Kinder handelt, die in der Reinlichkeitserziehung starken Zwängen ausgesetzt waren. Das sich häufig zum Schmieren hin entwickelnde Geschehen ermöglicht die Befriedigung von Nachholbedürfnissen aus dieser Phase und einer schuldfreien Bewältigung damit verbundener Ängste.

Wasserfarben und Pastellkreiden sind von ihrer Eigenart her wohl besonders gut geeignet, individuelle Konfliktsituationen im Sinne der sich ständig wandelnden inneren Dynamik darzustellen. Mit Hilfe dieser Materialien ist sehr deutlich das Strömen und Fließen innerseelischer Kräfte darstellbar. Die Ver- und Übermalbarkeit, die ständige Veränderung, die Möglichkeit, Zartestes und Massivstes gleichermaßen zur Darstellung zu bringen, entspricht wohl am ehesten der inneren Fülle des persönlichen und kollektiven Unbewußten und wird diesen dynamischen Kräften wohl am besten gerecht. Dementsprechend finden wir bei vielen Patienten auch große Ängste vor der Verwendung dieser Materialien und häufig erst im Jugendlichen-Alter können sich Patienten bereit finden, mit diesen Farben kontinuierlich zu arbeiten.

Gestaltung

Wir sollten kurz auch die Strichführung und die Raumaufteilung sowie die Proportionen des Dargestellten erwähnen. Auch aus diesen formalen Kriterien läßt sich viel ablesen. Wesentlich ist zunächst die Art der Strichführung; ist der Strich unsicher, dünn, vielfach abgesetzt, ist er teigig, schmierig, verwischt, ist er kräftig und zügig, all das läßt Rückschlüsse zu, einmal auf die augenblickliche Befindlichkeit des Kindes, letztlich jedoch vor allem auf die im Moment sich darstellende innerpsychische Konfliktsituation.

Im Betrachten eines Bildes ist weiter wesentlich, in welchem Verhältnis das Dargestellte zum Gesamtraum steht. Hält das Kind sich an die Beschränkungen, die durch das Format des Blattes gegeben werden oder drängt es über den angegebenen Rahmen thematisch und mit seiner Art der Darstellung hinaus? Es stellt sich die Frage, ob Dominanzen im linken oder rechten Bereich vorliegen, wobei wir in der Regel dem linken Bildteil mehr die unbewußte Seite, dem rechten mehr die bewußtseinsnäheren Strebungen zuordnen.

2. Die Angst – Kern und Hülle des Bösen – eine bestimmende Lebensqualität?

Bewußtwerdung, sich selbst wahrnehmen-lernen bedeutet zunächst Aktivierung von Angst, Angst, die das Verdrängte, »Böse« schützen soll und die Aufgabe hat, ein, wenn auch neurotisches Gleichgewicht aufrechtzuerhalten. Insofern ist das Leitmotiv jeglicher psychotherapeutischer Behandlung der Umgang mit der Angst.

Sie zu kennen und mit ihr umzugehen, auch dann, wenn sie sich überwiegend in bildnerischer Form darstellt, ist entscheidend für den Erfolg einer psychotherapeutischen Behandlung. Angst in ihren vielfältigen Variationen begleitet jeden dynamischen Entwicklungs- und Nachreifungsprozeß und hat damit auch einen prospektiven Aspekt. Gleichzeitig kann sie aber auch existenzbedrohenden Charakter haben, denn jedes Bewußtwerden konfliktgeladenen Materials aus der frühen Kindheit, jedes Aufgeben gewohnter, wenn auch leidvoller Verhaltensweisen, jede Neueinstellung ist mit vermehrtem Angstaufkommen verbunden. Diese Angst kann nur dann bewältigt und speziell in der Gruppe fruchtbar gemacht werden, wenn Vertrauen als Gesamtbefindlichkeit ständig neu erprobt und zu einer tragenden Erfahrung werden kann.

Betrachten wir den Sinngehalt des Wortes »Angst« etymologisch, wird deutlich, daß Angst sehr viel mit Enge zu tun hat. Vermeidung der Angst scheint zunächst Befreiung zu bedeuten, ist aber letztlich Einengung der Gesamtpersönlichkeit.

Urangst

Im Rahmen einer kinderpsychotherapeutischen Behandlung erleben wir immer wieder in der Projektion gegenüber dem einzelnen und der Gruppe das ganze Spektrum vielfältiger Angsterfahrungen.

In Anlehnung an Riemann möchte ich verschiedene Formen angst-geprägten Erlebens beschreiben, so wie sie in der gruppentherapeu-tischen Arbeit erfahrbar werden:

Zu Beginn zeigt sich häufig ein tiefes Mißtrauen, ein Versuch sich ganz zurückzunehmen, sich nicht an die Gruppe auszuliefern. Es scheint eine Urangst vor der Welt zu sein, die in einer gelegentlich fast paranoid anmutenden Furcht vor der Gruppe in der analyti-schen Arbeit zum Ausdruck kommt, einem Mißtrauen in deren Vertrauenswürdigkeit, in einem prinzipiellen Zweifel in bezug auf Angenommensein, Geschätztsein bzw. in einer generalisierten Angst vor dem als sicher zu erwartenden absoluten Liebesverlust. Ein Kind formulierte es in der Gruppe einmal so: »Wenn ich so bin, wie ich wirklich bin, dann weiß ich sicher, daß sie mich alle nicht mögen werden, und dann bin ich allein und verlassen, wie über-all.«

Die Gruppe bedeutete damit eine Wiederbelebung dieser Grunder-fahrung einer feindlichen Welt, in der sich der einzelne schutzlos und ungeborgen erlebt, gewissermaßen in ein feindliches All hin-eingestoßen ist. Das Leben in diesem Rahmen wird zur Angst vor dem Leben. Jede innere Dynamik wird gebremst, um sich diesem gefährlich erscheinenden Leben nicht auszuliefern.

In der Urangst, als einer Angst vor der feindlichen Welt verbirgt sich jedoch auch die Angst vor den eigenen Wünschen und Bedürf-nissen, vor übersteigerten Erwartungen, die die Kehrseite von Minderwertigkeits- und Schuldgefühlen sind. Diese Ängste vor den eigenen vitalen Bedürfnissen kulminieren in der Angst vor der Nichterfüllung dieser elementaren, aber verzerrten und entstellten Wünsche.

Die Angst vor Liebesverlust, die Angst nicht angenommen zu werden, nicht im eigenen individuellen So-Sein akzeptiert zu sein, findet ihre Fortsetzung in massiven Trennungs- und Verlustäng-sten. Um diese Angst zu vermeiden, erleben wir häufig in der Anfangsphase einer Behandlung Überanpassung, extreme Orien-tierung an dem, was der Therapeut oder bewunderte Gruppenmit-glieder sagen, meinen, denken. Dabei verstärkt sich jedoch gleich-zeitig Angst und Unsicherheit, weil es eben diese feste Norm einer Meinung in der Therapiesituation nicht gibt.

Die unentwickelten eigenständigen Möglichkeiten, ein unabhängiges Sein, kann nicht gewagt werden, weil die Angst vor der Trennung von der Meinung des Therapeuten und der Gruppe zu groß ist. Versuche, Eigenständigkeit zu entwickeln sind häufig begleitet von der Erfahrung, daß eben diese Trennungsbedürfnisse als »böse« erlebt werden und daß der Versuch einer Individualisierung mit dem »Rausschmiß« beantwortet wird. Dieses Gefühl, in der Gruppensituation auf Therapeut und Gruppenmitglieder projiziert, heißt letztlich, daß Ich-sein Verlassenheit und Isolation bedeutet, eine Angst, die von einem schwachen Ich als existenzgefährdend erlebt werden muß. Mit der Vermeidung dieser Angstsituation durch ein Sichanklammern an den Therapeuten oder die gängige Gruppenmeinung, durch den Versuch, zum Echo eines »Mans« zu werden, erreichen die Kinder gerade das, was sie am meisten befürchten, nämlich Isolation, u. U. sogar Ausstoßung durch die anderen. Diese ärgern sich über den Mangel an Eigenständigkeit, fühlen sich in ihrem persönlichen Sein in Frage gestellt, bedroht, und reagieren mit Aggression. Damit schließt sich wiederum ein negativer Kreis: Aus Angst vor Isolation, aus Mangel an Vertrauen werden Eigenständigkeit und Eigeninitiative nicht zugelassen. Die Welt wird im Rahmen der Gruppe unter dem Aspekt einer nicht zu erfüllenden Forderung nach Gleichartigkeit erlebt und gerade dieses Bemühen um eine Haltung klebriger Anpassung, veranlaßt die Gruppe, sich zu distanzieren. Die Mißerfolge im Bemühen um erfüllende Nähe vertiefen die untergründigen Selbstunwertgefühle, führen zu immer größeren Anstrengungen, immer größeren Forderungen in falscher Richtung und verstärken die Problematik eines Kindes.

In einer weiteren Dimension stellen sich in jeder gruppentherapeutischen Behandlung Gewissens- und Strafängste dar. Sie tauchen vor allem dann auf, wenn in der zweiten Behandlungsphase Triebimpulse zum Durchbruch drängen und auf der anderen Seite verbietende Instanzen noch starr und rigide genug sind, um diesen Wünschen gegenüber heftige Schuldgefühle aufkommen zu lassen. Die Therapiesituation innerhalb der Gruppe bedeutet unter Umständen noch eine Intensivierung von Gewissens- und Strafängsten, weil sie Verdrängungen aufhebt und die Kinder ihren mühsam unterdrückten und verdrängten Impulsen unter Umständen recht schonungslos ausgeliefert werden können.

Es besteht damit die Gefahr, daß das Kind in einen Loyalitätskonflikt gerät zwischen dem, was die Umwelt fordert und erwartet, hauptsächlich repräsentiert durch Erwartungen und Wünsche der Eltern, und auf der anderen Seite dem relativ großen Maß an Freiraum gegenüber dem Ausagieren, Ausleben von Triebimpulsen innerhalb der Gruppe. Hier erfordert der Umgang mit den Ängsten des Kindes ein besonderes Maß an Feingefühl. Vor allem ist es wesentlich, daß den Kindern innerhalb der Therapiesituation nicht ausschließlich ein hemmungsloses Ausagieren ihrer Triebimpulse zugestanden wird, sondern daß gelegentliche Grenzen dem Kind Schutz und Sicherheit geben, so daß es die Möglichkeit findet, sich in ein Gleichgewicht einzupendeln, das eigenen Bedürfnissen ebenso gerecht wird, wie verinnerlichten Umweltforderungen.

Ein weiterer Angstzyklus, der innerhalb einer therapeutischen Behandlung zum Tragen kommen kann, sind die Kastrationsängste, die eng verknüpft sind mit der Frage nach dem eigenen Ich. Sowohl Jungen wie auch Mädchen erleben sich häufig in ihrer eigenen Identität, in ihrer Geschlechtsrolle als verunsichert. Wiederholt bestehen unausgesprochene oder ausgesprochene Wünsche der Umwelt, das Kind anders haben zu wollen als es ist. Ein Mädchen formulierte es einmal sehr knapp, indem sie halb resigniert, halb wütend sagte: »Die Kerle haben es doch alle besser.«

Damit entwickeln sich beim Mädchen häufig heftige Haß- und Neidgefühle, die auf dem Gefühl von Minderwertigkeit basieren. Dies provoziert nicht selten ein betont jungenhaftes, burschikoses Verhalten. Die Jungen ihrerseits erleben große Befürchtungen in Hinblick auf ihre Bubenhaftigkeit, daß sie ihre potentiellen, schöpferischen Möglichkeiten, symbolisiert im Besitz des Penis, verlieren könnten und müssen darum gerade in der Gruppe häufig besonders demonstrativ ihre Kraft und Stärke zur Schau tragen und das andere, das Mädchensein, stark abwerten. In einer Gruppe Vorpubertierender war dieses Thema immer wieder Mittelpunkt des Gespräches, auch im Zusammenhang damit, ob die gleichwertige Zusammensetzung von drei Mädchen und drei Buben günstig wäre, oder ob ein weibliches oder männliches Übergewicht die gemeinsamen Arbeitsmöglichkeiten zerstören könnte.

Bilder

Ich möchte dieses vielschichtige Thema der Angst in seinen unterschiedlichen Aspekten versuchen, anhand von zwei Bildern anschaulich zu machen. Peter, ein damals 9jähriger Junge, malte sie während seiner gruppenpsychotherapeutischen Behandlung im Abstand von einem halben Jahr.

Peter gestaltete die Bilder unter größtem emotionalen Engagement. Er vergaß streckenweise die Anwesenheit der Gruppe und vermittelte den Eindruck eines Kindes, für das in lebendiger Zwiesprache mit seinem Unbewußten Raum und Zeit unwesentlich wird.

Dinosaurier I

Das erste Bild stellt ein gewaltiges Tier dar, einen Dinosaurier, der mit gefährlich gefletschten, roten Zähnen bedrohlich die Umwelt zu ergreifen scheint (Bild 1). Das Wesen ist in kräftiger Farbtönung braun ausgemalt. Braun ist verdunkeltes Rot. Es hat jedoch die vitale, aktive Kraft, den expansiven Impuls verloren und ist in seiner Wirkungskraft eher passiv empfindend. Diese Farbe spricht dafür, daß Peter sich mit diesem Bild in den Bereich des Mütterlichen hineinbegeben hat. Braun weist auf die Erde, dem Urschoß allen Werdens hin und gilt damit als Symbol für das Mütterlich-Bergende ebenso sehr wie für das Mütterlich-Verschlingende, d. h. für den positiven und negativen Elementarcharakter des Weiblich-Mütterlichen. Die Erde läßt wachsen und werden, aber sie verschlingt auch, wenn wir an Erdbeben denken oder das Aufnehmen des Blutes von Kriegern und Opfern.

Betrachten wir das dargestellte Tier auf der Objektstufe, d. h. als Repräsentant der Umwelt des Kindes, so könnte die Farbe im Verein mit der Gefährlichkeit, Mächtigkeit und erdrückenden Kraft den Schluß nahelegen, daß Peter in der Mutter nicht so sehr schützende Aspekte erlebte, sondern weit stärker Bedrohung und erschreckende Dominanz. Ich möchte auf dieser Ebene aus dem Bild herauslesen, daß vertrauensvolle Intimität, das Gefühl, gehalten und geborgen zu sein, in den ersten Lebensjahren nur bedingt tragende Erfahrung war. Der düstere, frustrierende Teil frühkindlicher Erlebnisse wird noch stärker hervorgehoben durch die Schwärze des dargestellten Speiseröhre-Magen-Traktes. Schwarz ist die dunkelste der möglichen Farben. Sie ist Symbol für Grenze, für Trennung und Auflösung. In ihr liegt ein Stück Verneinung des Lebens, so, wie die Anarchisten und Nihilisten schwarz zu ihrer dominanten Farbe machten. Gleichzeitig steht schwarz jedoch psychologisch auch für Erfahrungen tiefer Depression, eines Empfindens der Aussichtslosigkeit, Hoffnungslosigkeit, des Nichts.

Gehen wir noch ein Stück weiter und führen wir uns vor Augen, daß mit der Speiseröhre und dem Magen wesentliche Bereiche der Nahrungsaufnahme, zentral wichtig für Leben und Überleben in allen Phasen der Entwicklung, in Düsterkeit und Schwärze gehüllt sind, so wird deutlich, daß dieses Kind offenbar wenig positive elementar lebensbejahende Früherfahrungen in sich trägt.

Betrachten wir dieses Tier auf der Subjektstufe, d. h. als einen projizierten aber eigentlich zur eigenen Persönlichkeit gehörenden Anteil, so könnte dieses schwarze Gebilde bei genauerer Betrachtung auch die Darstellung eines erigierten Penis symbolisieren, einer männlichen Potenz, die noch keine unabhängigen, eigenständigen Möglichkeiten entwickelt hat, sondern wohl ganz eingebunden ist in dem mütterlichen Raum. Ergänzend hierzu fällt auf, daß die Beine, im Grunde phallische Äquivalente, viel zu zart und dünn sind, um den mächtigen Körper zu tragen. Auch der dargestellte Penis erscheint, selbst wenn in seiner spitzen Form ein angedeutetes aggressives Moment liegt, insgesamt schwach und in seiner Bedeutung eingeschränkt. Den Zähnen in ihrer roten, intensiven Tönung widmete der Junge große Aufmerksamkeit. Rot symbolisiert Lebenskraft, den dynamisch-aktiven Impuls, ist gleichzeitig aber auch expansiv-aggressives Begehren. Mit den schwarzen Punkten wollte er andeuten, daß es sich um Giftzähne handele, deren Biß tödliche Gefahr bedeute. Hiermit unterstreicht Peter erneut, wie gefahr- und angstbesetzt der Mundraum als Möglichkeit gierig aufzunehmen, aber auch aggressiv zu verletzen, für ihn ist.

Von der Gruppe wurde er darauf hingewiesen, daß die Zähne des Untiers, so, wie er sie gemalt hatte, gar nicht in der Lage seien zu beißen, sondern daß sie vielmehr, wenn der Mund geschlossen würde, die eigene Mundhöhle verletzen, zerfleischen könnten. Dieser Einwurf machte den Jungen sehr nachdenklich, erfaßte die Gruppe doch damit im Rahmen einer subjektstufigen Deutung seine Neigung, aggressive Regungen gegen die eigene Person zu richten und sich mit Verletzungen und Unfällen immer wieder selbst zu gefährden. Für ihn bedeutete diese autodestruktive Neigung einen mißglückten Versuch mit dem verdrängten Gefühl der Aggressivität auf der Basis einer tiefliegenden Depression ebenso fertig zu werden, wie mit den existentiellen Schuldgefühlen seiner eigenen Person und seinem Tun gegenüber.

Die kleinen Abbildungen im rechten Raum des Bildes, ein Krokodil, das Kot und Urin produziert, sowie ein Berg, den Peter als den höchsten der Welt bezeichnet, unterstreichen die Problematik des Kindes in seinem ganzen Umfang. Das Krokodil schilderte Peter als ein Ungeheuer, das mit großen Kräften ausgestattet sei. Seine Dominanz sei vor allem an seinen Möglichkeiten, gleichzeitig große Mengen Urin und Kot von sich zu geben, ablesbar.

Auch diesmal war es wieder die Gruppe, die den Jungen darauf hinwies, daß die Zähne des Krokodils gekreuzten Schwertern glichen. Damit wird letztlich symbolisch eine Pattsituation konstelliert. Die Zähne können nicht als angreifende Werkzeuge eingesetzt werden, sondern müssen sich selbst und ihre vitalen Bedürfnisse in Schach halten.

Die dunkelgrüne Farbe wirkt bis zu einem gewissen Grad stabil und tragend. Sie zeigt Vitalität und Spannkraft und dürfte Hinweis sein auf eine gewisse Ichkonstanz und ein starkes Bedürfnis nach Selbstdurchsetzung und Selbstbehauptung.

Auch die Wahl des Krokodils als Symboltier in seinen potentiellen Möglichkeiten der aggressiven Selbstbehauptung und -durchsetzung ist hier einzuordnen. In diesem Zusammenhang gewinnt die reiche Produktion von Urin und Kot besondere Bedeutung. Zweifellos zeigt sich hier ein Potential an Macht und Stärke, zwar noch gefangen im Bereich des »Schmutzigen« und stark mit Scham und Schuld behaftet, aber doch eine in die Zukunft weisende lebensbejahende Möglichkeit.

So wird die Darstellung des Krokodils wiederum zur symbolischen Aussage in Bezug auf die Problematik des Kindes. Nicht umsonst umreißen die Symptome des Kindes, Einnässen und Einkoten, die Vielschichtigkeit der intrapsychischen Konfliktsituation; ein Pendeln zwischen Ohnmacht und Omnipotenz, zwischen Regression und keimender Ichidentität, zwischen Abhängigkeit und Autonomie.

Im Gegensatz zum grünen, kraftvollen Krokodil fällt der »höchste Berg der Welt« durch seine Unfarbigkeit und den damit verbundenen Eindruck von Leblosigkeit auf. Peter bemerkte dazu, daß es unten viel schwarze Erde gäbe und wenig Schnee, nach oben hin würde der Schnee jedoch dichter.

Ich verstand diese Darstellung eines sehr hohen, sehr mächtigen Berges vor allem als subjektives Erleben der Vater-Persönlichkeit. Diesem war es nicht gelungen, eine warme emotionale Beziehung zum einzigen Sohn aufzubauen. Er beurteilte ihn nüchtern, rational und vor allem »gerecht«. Dahinter verbarg sich eine große Unsicherheit im Hinblick auf die eigene männliche Identität, die er jedoch so gut wie möglich mit intellektuellem Ehrgeiz und Erfolgszwang überdeckte.

Im Gespräch wurde dem Vater deutlich, daß er die ersten Lebensjahre des Kindes emotional als »Loch« erlebt hatte. Es bestanden keinerlei Erinnerungen an diesen Zeitraum, außer der vordergründigen Tatsache, daß er sich zu diesem Zeitpunkt intensiv mit seiner beruflichen Fortbildung beschäftigt hatte.

Vielleicht drückt sich im Berg als Symbol ragender Männlichkeit ein Stück dieser Düsterkeit und emotionalen Kälte aus, die zwischen Vater und Sohn spielte und so wenig echte Beziehung aufkommen ließ? Im Berg sind sicher auf der anderen Seite auch Aspekte einer mütterlichen, wenig Wärme spendenden Ehrgeizhaltung symbolisiert. Auch bei ihr stand intellektuelles Empfinden im Vordergrund, rationales Argumentieren war bestimmender als warmes emotionales Erleben, so daß Peter im wahrsten Sinne des Wortes in Schnee, Kälte und darunter verborgener Depression steckenbleiben mußte.

Ich meine, daß wir aus diesen Detailbeobachtungen herauslesen können, welch eine Leistung es für Peter bedeutete, den Versuch zu wagen, sich aus der überstarken Orientierung an beide Eltern herauszulösen, einer Gebundenheit, die vor allem Ausdruck einer großen Sehnsucht war nach dem, was er von ihnen nie erhalten hatte, Wärme, Nähe, Fröhlichkeit und unmittelbares Angenommensein.

In wie starkem Maße die Gruppe hier zu einer bergenden und stützenden Neuerfahrung wurde, wird aus dem Bild des zweiten Dinosauriers deutlich, das Peter etwa ein halbes Jahr später malte (Bild 2).

Dinosaurier II

Dieses zweite Bild wurde von dem Jungen fast flüchtig in kürzester Zeit auf das Papier geworfen. Er meinte dazu, dieses Mal würde er mit den Zähnen schon besser aufpassen, so daß dieses Bild sicherlich auch Abbild des Prozesses der Auseinandersetzung mit Meinungen und Erfahrungen der Gruppe darstellen könnte, die eigene Kräfte zur Selbstbehauptung und zum Selbstschutz mobilisiert hatten.

Zweifellos zeigt Peter in dieser Malerei, daß er in gewisser Weise mit aggressiven Bedürfnissen besser zurechtkommt, d. h. sie, ablesbar an den Zähnen, besser nach außen abführen kann. Trotzdem wird spürbar, daß es noch einer langen analytischen Arbeit bedarf, um eine Lösung der kindlichen Problematik zugunsten angstfreier und selbstbewußter Einstellungsweisen zu erreichen. Das dargestellte Wesen ist in seinen Dimensionen noch mächtiger geworden. Der Junge legte bei dem Bild diesmal sehr großen Wert darauf, daß die Gruppe deutlich sehen konnte, daß die Zähne in ihrer spitzen Aggressivität nicht mehr die eigene Mundhöhle verletzen konnten, stattdessen, so meinte er, könnte das Tier ja auch nach draußen Feuer spucken. Betrachtet man die Strichführung, so fällt auf, daß der Junge zwar links unten begann, Beine, Penis und Schwanz kräftig zu färben, dann jedoch sehr flüchtig den übrigen Körper des Tieres ausmalte, so daß viel weiß hindurchschimmert, und auch der schwarze Speiseröhre-Magen-Kanal hat etwas von seiner tiefen Färbung verloren. Er hat sich gewissermaßen geöffnet und wurde zu einem Gebilde, das der Zahl 6 sehr ähnlich sieht. Die Gruppe kommentierte das lachend und ein bißchen ironisch mit »Sechs-Sex«. Damit hat sie sehr deutlich erfaßt, was für den Jungen Problem und Chance ist: – Die Muttergebundenheit innerhalb derer seine phallischen Potenzen eingefangen, eingebunden sind; Kräfte, die jedoch stark und vital genug sind, um einengende Mächte des Weiblich-Mütterlichen zu überwinden, eigene Männlichkeit zu entwickeln und damit zu sich selbst, zu einer eigenen Identität zu finden.

Wie konflikthaft und angstbesetzt dieser Prozeß jedoch ist, wird durch den verdickten Hals unterstrichen. Peter äußerte dazu: »Sonst ist er zu dünn und könnte abbrechen.« Die phallische Identität des Jungen war durch schwere Kastrationsängste beeinträchtigt, was hier notvoll unterstrichen wird. Gleichzeitig ist der Kopf als Träger der Geistigkeit, einer vertieften und entwickelten Männlichkeit jedoch existentiell abhängig von einem stabilen, tragenden Hals, so daß sich auch hier erneut zeigt, auf wie unsicheren Beinen Ichidentität und Autonomie stehen.

Der am Rachen herunterhängende gefäßartige Lappen scheint nochmals das orale Thema anzudeuten. Ist hierin ein Stück Sehnsucht, aber vielleicht auch eine reale Neuerfahrung im Hinblick auf annehmende Mütterlichkeit abzulesen?

Werfen wir einen Blick auf den »höchsten Berg der Welt«, so ist er zu einem niedrigen schwarzen Hügel am Fuß des Dinosauriers geworden; Eis und Schnee sind verschwunden, es bleibt ein Stück Depressivität, das aber sicherlich leichter zu bewältigen ist, als die verletzende distanzierte Kühle einer Gefühlsqualität, die im Grunde weder Wärme noch Geborgenheit zu vermitteln vermag.

Vergleichen wir, um uns noch einmal den Entwicklungsprozeß des Kindes vor Augen zu führen, die Augen auf beiden Bildern, so fällt auf, daß das Auge des ersten Dinosauriers, lila gefärbt mit einem schwarzen Kern, von einer merkwürdigen Starre und Unlebendigkeit ist. Von der Farbsymbolik her repräsentieren schwarz ebenso wie lila Aspekte von Depression, von Rückwendung und Rückzug auf die eigene Person, auf der anderen Seite beinhalten beide Farben ebensosehr den Aspekt der Wandlung und der Möglichkeit des Neubeginns.

Setzt man die Augendarstellung des zweiten Dinosauriers dagegen, so fällt auf, daß hier die Starre einer größeren Lockerheit und Leichtigkeit gewichen ist. Das Auge, überwiegend braun gemalt, wird umrandet von zwei roten Kreisen und auch die Iris selber wird noch einmal rot umgeben, zusätzlich werden die Wimpern wie Sonnenstrahlen rund ums Auge angedeutet.

Es könnte der Eindruck entstehen, daß der Junge sich ein wenig mehr lösen konnte aus der düsteren Umklammerung des Mütterlichen, seinerseits rot, aktiv das Braune des Mütterlichen umrandend, ihr gewissermaßen Form gebend, ein Stück Weiblichkeit in die eigene Person integrieren und damit allmählich strukturierend Männliches entwickeln konnte.

An diesen beiden Bildern wird deutlich, wie sehr die Gruppe durch realistische Interventionen das Bewußtwerden innerpsychischer Konfliktsituationen unterstützt, und in diesem Fall dem Kind die Notwendigkeit von Selbstschutz und aggressiver Selbstbehauptung als lebenserhaltende Einstellung deutlich machen konnte. Durch die Polarisierung dieser beiden Richtungen aggressiver Tendenzen und ihre schuldfreie Entflechtung konnte der Junge erste Lösungsversuche für eine unerträgliche Konfliktspannung suchen, die die Grundlage bilden konnten für eine weitere intensive verbale analytische Arbeit. Aus der sich anbahnenden Neuerfahrung der Berechtigung eigener aggressiver Strebungen und Tendenzen konnte sich allmählich auch eine Umstrukturierung des Familienfeldes dadurch ergeben, daß sich Peter aus der Rolle des depressiven und passiven Jungen löste, während sich die Eltern vermehrt über eine eigene Analyse mit ihrer Problematik auseinandersetzten.

In diesen Bildern erleben wir eigentlich das ganze Spektrum menschlicher Problematik und neurotischer Verstrickung, so, wie es im großen Thema Angst eingebunden, in den vielfältigsten

Facetten innerhalb einer therapeutischen Behandlung sichtbar wird und in unterschiedlicher Akzentsetzung zur Darstellung kommt. Es sind ungelöste Konflikte, die, weil sie als böse erlebt, nicht zur Reifung gebracht und in eine lebendige Persönlichkeit integriert werden konnten, abgespalten wurden und eine Stagnation im Rahmen seelischer Reifung bedeuteten.

Es sind die Themen der Aggressivität, der Passivität und illusionären Selbstbehauptung ebenso angedeutet, wie die Schwierigkeit, zur eigenen Rollenidentität zu finden und Leiblichkeit im Sinne der Wahrnehmung vitaler Bedürfnisse anzunehmen.

3. Der Einzelne in der Gruppe: Die personalbezogene Auseinandersetzung mit dem Bösen

Eine Steigerung der Auseinandersetzung mit dieser vielschichtigen Thematik erlebte ich mit einer Gruppe, damals 10- bis 12jähriger Jungen und Mädchen, die spontan eine Serie von mehr als 50 Bildern malten, die sie gemeinsam später mit dem Titel überschrieben: »Die Familie Bösewicht«. Diese zeichnerischen Darstellungen erschienen mir wie ein selbstgewähltes Ventil der Gruppe, sich mit dem eigenen Böse-Sein konkreter, realer auseinanderzusetzen, als es ihnen zum damaligen Zeitpunkt verbal möglich war.

Der faszinierende Motor, das Unaussprechliche und zunächst nur im Bild Ausdrückbare war die Erfahrung einer Vielfalt negativer Aspekte, die zunächst einmal intuitiv erfaßte Realitäten der Umwelt darstellten, die bisher aus Loyalitätsgründen getarnt und verschwiegen werden mußten, auf der anderen Seite aber auch in zunehmendem Maße sich zu Erkenntnissen eigener Realitäten umformten.

Die fast magisch anmutende Faszination, die für die Gruppe von ihren eigenen Projektionen des Unbewußten ausging, aktivierte eine rauschähnliche Produktivität und damit verbunden einen Bewußtwerdungsprozeß, der im Nachhinein von verschiedenen Gruppenmitgliedern als Höhepunkt der Therapie erlebt wurde. Das Entscheidende dieses Durchbruchs des Unbewußten lag nach meiner Beobachtung darin, daß die Kinder über einen gewissen Verstärkungseffekt den Mut entwickeln konnten, die Konfrontation mit dem »Bösen« in seinen vielfältig schillernden Aspekten zu wagen und dabei gleichzeitig aufsteigende Ängste und Schuldgefühle abbauen bzw. relativieren konnten.

Das gemeinsame Tun, die gemeinsame Erfahrung am eigenen und fremden Bild, das Tolerieren erschreckender und beunruhigender Phänomene ließ Mut und Zuversicht wachsen, dem angestoßenen Prozeß der Bewußtwerdung nicht auszuweichen, sondern sich dem innerpsychischen Komplex zu stellen und seine Bewältigung zu wagen. Im gemeinsamen Phantasieren über Maltechnik und Inhalt der Bilder entstand eine tiefe Verbundenheit der Gruppenmitglieder untereinander und ein weitgehendes Vertrauen, das weitere Entwicklungs- und Reifungsschritte untermauern konnte.

Die Gruppenmitglieder – Kurzbiographie, Symptomatik, Diagnose

Bevor ich mich den Bildserien und der durch sie zur Darstellung kommenden Thematik des Bösen zuwende, möchte ich versuchen, die einzelnen Gruppenmitglieder zu charakterisieren und sie mit ihrer Lebensgeschichte, spezifisch belastenden Früherfahrungen und ihrer Symptomatik erlebbar machen.

Um den Intimraum der jeweiligen Familie zu schützen, wurden die Namen verändert und bewußt auf eine detaillierte Anamnesendarstellung verzichtet. Für unsere Betrachtensweise erschien mir wichtig, das charakteristische Erleben des Kindes ebensosehr aufzuzeigen, wie auf der anderen Seite den Symbolgehalt der Symptomatik zu verdeutlichen, so, wie er sich später immer wieder in den Bildern darstellt und allmählich wandelt. Die Gruppe bestand zum damaligen Zeitpunkt aus 5 Gruppenmitgliedern, 3 Mädchen und 2 Jungen und reduzierte sich später auf 4 Kinder. Sie wurde in dieser Zusammensetzung über etwas mehr als 2 Jahre geführt.

Parallel zur Arbeit mit den Kindern fanden Einzelgespräche mit den Eltern und zum Teil mit Eltern und Kind gleichzeitig statt. Der Vorschlag, auch mit den Eltern in größeren Abständen in Gruppenform zu arbeiten, stieß auf erbitterten Widerstand der Kinder. Sie wollten das eigene außerordentlich intensive Gruppenerleben nicht durch das Wissen um mögliche »Konkurrenz« durch die eigenen Eltern gestört wissen.

Abb. 5 oben: Fledermaus
Abb. 6 unten: Gruppenbild

Abb. 7: »Ich will machen, was ich will«

Abb. 8: Chinese Bösewicht

Abb. 9: Babs Bösewicht

Bettina, 12 Jahre

Symptomatik: Einschlaf- und Durchschlafschwierigkeiten, Ängste, Hemmungen, explosive Aggressionsdurchbrüche, Schulschwierigkeiten trotz gut durchschnittlicher Begabung, Depressionen mit Suicidäußerungen.

Bettina war ein zartes, überaus schlankes, dunkelhaariges Mädchen. Sie gab sich scheu, zurückhaltend und schuf viel Distanz zu sich. Auffällig war die betont modische Kleidung des Kindes, auf die offenbar großer Wert gelegt wurde.

Die Mutter war bei Bettinas Geburt 20 Jahre alt. Die Eheschließung mit dem damals schon pathologisch auffälligen Vater Bettinas erfolgte überwiegend unter dem »Helfer und Heiler«-Aspekt. Bettinas Mutter glaubte, den Vater aus seiner depressiven Einstellung retten und ihm einen positiven Lebensbezug vermitteln zu können. Der Ausschließlichkeitsanspruch, der sich dahinter verbarg, wurde durch die Geburt der »Tochter-Rivalin« infrage gestellt. Die Mutter berichtete noch zu Therapiebeginn, daß für sie die Tochter von jeher eine Konkurrentin im Kampf um die Gunst des Ehemannes gewesen sei. Auch heute sei es für ihr Erleben, als ob zwei Königinnen um ihr Reich kämpften. Diese traumatische Angst vor der Tochter und derem möglicherweise erfolgreicheren Sich-Geben, erfuhr durch die spürbare Bevorzugung von Bettina durch ihren Vater noch zusätzliche Bestätigung.

Entscheidendes traumatisches Erlebnis für Bettina war eine Meningitiserkrankung, als sie 5 Jahre alt war. Nach einer massiven Behandlung mit Antibiotika trat eine lebensbedrohliche Allergie auf, die den Aufenthalt in der Intensivstation notwendig machte. Im Anschluß daran verlor Bettina sämtliche Haare, darüberhinaus trat eine schwere motorische Schwäche auf.

Ein knappes Jahr danach nahm sich der Vater durch Erhängen das Leben, im gleichen Jahr wurde das Kind eingeschult.

Von Anfang an hatte Bettina Schulschwierigkeiten. Vermutlich steht bei Bettina hinter diesem komplexen Symptom der Ausdruck einer mangelnden Erfahrung an schützender mütterlicher Qualität bei gleichzeitigem Fehlen des männlich-geistigen Prinzips. Bettina erschien als ein außerordentlich verunsichertes, alleingelassenes Kind.

Die Mutter lebt mit der eigenen Mutter in einer noch völlig ungelösten Beziehung, in die auch die jüngere Schwester Bettinas mit einbezogen ist, während Bettina, die »dem Vater unheimlich ähnlich ist« draußen bleiben muß.

Mutter und Großmutter haben sich in ihrer Betrachtung der Welt weitgehend an Normen und allgemein gültigen Einstellungsweisen orientiert. Diese Erkenntnisse entspringen jedoch nicht eigenen Überzeugungen und Erfahrungswerten eines persönlichen Reifungsprozesses, sondern sind letztlich Allgemeinplätze wie etwa: »Ein Mädchen tut so etwas nicht«. Beide Frauen vermittelten dem Mädchen ein permanentes Gefühl des »Nicht-Richtig-Seins«, vor allem auch im Gegensatz zur jüngeren Schwester. Bettina war Sündenbock, galt als die »Böse«, die Ungeratene. Vereinzelt, jedoch zunehmend weniger, setzte sie sich wie in einem Aufbäumen dagegen zur Wehr, resignierte jedoch allmählich und versank in depressive Unbewußtheit, womit für sie über die körperliche Ähnlichkeit ein weiteres Moment der Gemeinsamkeit mit dem toten Vater konstelliert wurde.

Beide Eltern Bettinas waren Einzelkinder. Der Vater des Kindes wurde geboren, als seine Mutter 40 Jahre alt war. Er war an sie zeitlebens sehr gebunden. In seinem Verhalten scheint er nach Erzählungen der Mutter zwischen Aggressionen und Depressionen hin und her geschwankt zu haben. Im Berufsleben konnte er sich keine erfolgreiche Position aufbauen. Als er starb, hinterließ er seiner Frau eine Fülle finanzieller Verpflichtungen, an denen diese jahrelang abzuzahlen hatte.

Dem dringenden Wunsch der Mutter, eine Psychotherapie bei Bettina einzuleiten, begegnete ich mit gemischten Gefühlen, da von Anfang an der unbewußte Widerstand der Mutter so deutlich war, daß die Kontinuität der Behandlung bereits von vornherein gefährdet erschien.

In der Behandlung ging es vor allem darum, zunächst dem scheuen und verängstigten Mädchen innerhalb der Gruppe einen Platz der Ruhe und des Vertrauens zu vermitteln. Trotzdem war der Kontakt

mit den anderen Gruppenmitgliedern über lange Strecken sehr
eingeschränkt; das Kind lockerte sich erst eigentlich über den
Prozeß des Malens und konnte im Rahmen der Bilder die frühen
Enttäuschungen, das Gefühl absoluter Ungesichertheit, das Erleben des Ausgeliefertseins und der Machtlosigkeit ebensosehr wie
Protest und Opposition herausschreien. Die Bilder, die das perso-
nale Betroffensein in der Gefährdung durch archaische Kräfte des
persönlichen und kollektiven Unbewußten darstellten, konnten
nur unvollständig vom Gehalt her bearbeitet werden. Bettina
mußte aufgrund der Ängste der Mutter, den Delegierten ihrer
Depressionen zu verlieren, ebensosehr wie aufgrund ihrer emotionalen Starre im Anfangsstadium einer Neuorientierung steckenbleiben.
Die therapeutische Bewußtwerdungsarbeit brachte Bettina in einen
massiven Loyalitätskonflikt zwischen der realen, für ihr Erleben
frustrierenden Mutter, von der sie sich jedoch gleichzeitig abhängig
wußte, und der »Mutter« Gruppe, die sie verstand und mittrug.
Der Abbruch der Therapie durch die Mutter, vom Kind durch
einige Stunden hindurch verzweifelt geschildert, mußte von ihm
zunehmend als eigener Wunsch umgeformt werden, um weiterle-
ben zu können. Bettina formulierte es am Schluß der einjährigen
Therapie folgendermaßen: »Je länger ich in die Gruppe gehe, und je
besser ich in der Schule werde, desto schlechter geht es meiner
Mutter. Sie kann nur noch mit Schlafmitteln schlafen und schreit
oder weint fast jeden Tag.«

Cornelia, 11 Jahre

Symptomatik: Kopf- und Bauchschmerzen ohne körperliche Ursache, Leistungsehrgeiz, depressive Verstimmungen, heftige Geschwisterrivalität, Identifikationsprobleme.

Cornelia wirkte sehr zart mit ihren hellen Haaren, den großen
blauen Augen, dem blassen Teint. Im Laufe der Therapie entschloß
sie sich zu einem sehr kurzen, bubenhaften Haarschnitt, trug fast

ausschließlich Hosen und bevorzugte die abgelegten Hemden ihrer Brüder. Auch in ihrem Verhalten wurde sie burschikos, fast rauh, bis sich schließlich gegen Ende der Therapie nach mehr als 2 Jahren eine weichere, weiblichere Gegenbewegung abzeichnete.

Über die frühe Entwicklung Cornelias konnte nichts Auffälliges in Erfahrung gebracht werden. Das Mädchen ist das vierte Kind, nach ihr kommt noch ein jüngerer Bruder, mit dem sie heftige Rivalitätskämpfe austrägt. Es war wohl für diese Familie, in der der Umgang mit tiefenpsychologischen Erkenntnissen eine Selbstverständlichkeit war, nicht einfach, dieses früher sonnige und problemlose Kind als behandlungsbedürftig anzusehen. Es fiel den Eltern schwer, wahrzunehmen, daß sich hinter der freundlichen und einfühlsamen Gesamthaltung des Mädchens schwere Insuffizienzgefühle und depressive Verstimmungen verbargen. In diesem Zusammenhang ist sicherlich bedeutsam, daß Cornelia sich von jeher der Mutter überaus stark verbunden fühlte. War die Mutter krank, was wiederholt der Fall war, war sie zutiefst mitbetroffen und fühlte sich zu tausend kleinen Hilfeleistungen verpflichtet. Immer wieder betonte sie der Mutter gegenüber, wie sehr sie sie liebe, daß sie ohne sie nicht leben könne.

Die Rivalität zum jüngeren Bruder nahm gelegentlich fast existenzbedrohende Ausmaße an. Cornelia lebte in ständiger Angst, von diesem wilden und aggressiven Jungen überrollt zu werden, was vor allem in der Sorge, er könne größer werden als sie, seinen Ausdruck fand. Hinter der äußerlich sichtbar werdenden tiefsitzenden Rollenverunsicherung lag eine vielschichtige familiäre Problematik, die bis in die dritte Generation reichte.

Das Weibliche war in dieser Familie außerordentlich dominant. Die beiden Großmütter, vitale, differenzierte, aber auch herrische Persönlichkeiten, bestimmten noch weitgehend die Familienatmosphäre. Der Vater in seiner scheuen und unsicheren Männlichkeit hatte in diesem Klima beherrschender Weiblichkeit keinen Lebensraum und distanzierte sich mit Hilfe einer weiteren Berufsausbildung räumlich und innerlich von der Familie.

Diese Gesamtproblematik war der Familie sehr bewußt, trotzdem war es für Cornelia sehr schwer, sich aus dieser konflikthaften Verflechtung der Eltern und ihrer Familien herauszulösen. Es dominierten unausgesprochen Aufgabe, Vermächtnis, Verdienst und moralische Verpflichtung.

Das emotionale Dilemma versuchte Cornelia mit einer zunehmenden Betonung der intellektuell-rationalen Entwicklung zu lösen und wuchs damit in eine Kopflastigkeit, die nicht umsonst zu Kopfschmerzen führen mußte. Trotz dieser einseitigen Ausrichtung, oder gerade deswegen, litt Cornelia an heftigen Minderwertigkeitsgefühlen, speziell im Hinblick auf ihre intellektuelle Leistungsfähigkeit, was sie in zwanghafter Weise dazu veranlaßte, sich immer ausschließlicher in Pflicht- und Aufgabenhaltung hineinzustürzen.

Hinzu kamen eine Fülle außerschulischer Verpflichtungen, denen sich das Mädchen gewissenhaft widmete, um damit letztlich in ihrer Leistungskapazität vollständig überfordert zu sein. Die wiederholten Erkrankungen dürften in diesem Zusammenhang auch den Aspekt einer »Zwangserholungspause« haben.

Das zentrale Problem Cornelias lag wohl in einer zu intensiven Gebundenheit an das machtvoll mütterliche Prinzip bei gleichzeitiger angstvoller Unterdrückung hervordrängender aggressiver Strebungen, die sich gerade gegen diesen dominanten Mutteraspekt richten wollten. Der Versuch, in diesem widerstreitenden Prozeß zu einem gewissen, wenn auch neurotischen Gleichgewicht zu kommen, liegt wohl in der Somatisierung des psychisch determinierten Krankheitsgeschehens.

Der Weg der Therapie, so wie er sich sehr eindrucksvoll in Cornelias Bildern abzeichnete, bedeutete, die Macht des Weiblichen in seiner verschluckenden und kastrierenden Wirksamkeit relativieren zu lernen und sich damit der Angst besser zu stellen. Gleichzeitig bedeutete die Therapiesituation Möglichkeit, die Erfahrung des Weiblichen im weitesten Sinn zu einer neuen und positiven eigenen Erfahrbarkeit werden zu lassen und das eigene Sein wertvoll und sinnerfüllt anerkennen zu können.

Myriam, 10 Jahre

Symptomatik: Schwindeln, kleine Gelddiebstähle, besonders bei der Mutter, Geschwisterrivalität, Stimmungslabilität im Sinne von extremen Schwankungen zwischen depressivem Rückzugsverhalten und aggressiven Affektentladungen. Kontaktstörungen, Identifikationsprobleme.

Myriam, blond mit lebhaften braunen Augen, insgesamt älter wirkend, wurde in einen Lebensraum hineingeboren, der im Grunde noch nicht auf sie zugeschnitten war. Beide Eltern studierten zunächst noch. Die Mutter brach dann das Studium ab, um den Lebensunterhalt zu verdienen, während der Vater weiterstudierte und Myriam während des ersten Lebensjahres versorgte. Er mußte sie jedoch immer wieder über Stunden allein lassen, während er die Universität besuchte und habe das Kind oft schreiend wieder angetroffen. Einmal sei Myriam auch beinahe erstickt, der Vater kam gerade noch rechtzeitig; sie sei bereits, unter einer Decke liegend, blau gewesen.

Mit einem halben Jahr bekam das Mädchen eine Spreizhose; auch sonst gab es eine Reihe von traumatischen Erlebnissen: Mit vier Jahren stürzte Myriam vom Dreirad und zog sich einen komplizierten Bruch des rechten Ellenbogengelenkes zu. Der Bruch mußte genagelt werden. Seitdem ist der Arm entstellt. Zur gleichen Zeit erfolgte die Geburt des jüngeren Bruders, auf den Myriam mit heftiger Eifersucht reagierte, zusätzlich begann der Kindergartenbesuch.

Die Schwellensituation der Schule bewältigte Myriam ohne Schwierigkeiten. Sie ist bis heute eine sehr gute Schülerin. Mit 9 Jahren erfolgte ein weiterer schwerer Unfall. Das Mädchen stürzte beim Rollschuhlaufen so unglücklich in einen Jägerzaun, daß sie sich eine sehr große und tiefe Fleischwunde zuzog, die nur sehr langsam und mit entstellender Narbenbildung heilte.

Das psychische Erleben der Eltern ist seinerseits von Belastungen geprägt. Die Mutter Myriams war Einzelkind. Sie wirkt heute in ihrer Struktur sehr unsicher, fast kindlich, bei gleichzeitigen Versuchen, dieses mangelnde Selbstbewußtsein mit gelegentlich fast autoritär anmutenden Verhaltensweisen speziell Myriam gegenüber zu kompensieren.

Ihre Mutter verlor sie, als diese 50 Jahre alt war, infolge von Krebs. Sie übernahm dann die Haushaltsführung für den Vater bis zu dessen Wiederverheiratung.

Mit ihrem Mann wählte sich Myriams Mutter einerseits eine Vater-Ersatzfigur, nicht so sehr im Hinblick auf den Altersunterschied als in Bezug auf seine ruhige, gelassene Haltung. In der Beziehung zu Myriam belebte sie Rivalitätsprobleme mit der Stiefmutter und machte den Ehemann zum »großen Vater« und Schiedsrichter innerhalb der flammenden Auseinandersetzungen.

Gleichzeitig lebte sie jedoch auch zum Ehemann hin einen sorgenden, mütterlichen Aspekt und band ihn damit an sich.

Myriams Vater seinerseits setzte sich immer noch mit einer nicht bewältigten Mutterproblematik auseinander. Seine Mutter, 5 Jahre älter als der Ehemann, war im Familiengefüge die Dominierende und bevorzugte den jüngeren Bruder von Myriams Vater. In bezug auf den Sohn reaktivierte Myriams Vater eigene Rivalitätskonflikte zum Bruder, die letztlich die gute emotionale Beziehung zur Tochter intensivierten und zusätzlich unbewußt erotisch aufheizten.

Diese geballte Problematik, die ursächlich in den nicht bewältigten Schwierigkeiten der Eltern lag, versuchte Myriam unbewußt auszubalancieren und wurde damit gleichzeitig zur Delegierten und Ausgebeuteten. Dem massiven Druck, der in einer Angst-Aggressions-Schuldproblematik kulminierte, begegnete das Mädchen zunehmend mit masochistischen Tendenzen und gefährdete sich damit in ernstzunehmender Weise.

Nachdem an anderer Stelle bereits über ein Jahr hinweg eine einzeltherapeutische Behandlung durchgeführt worden war, sollte mit Hilfe einer Gruppentherapie der Versuch gemacht werden, über Kontakt und Auseinandersetzung mit den anderen an die intrapsychische Konfliktsituation heranzukommen. Entscheidendes konnte darüber hinaus in Gesprächen mit Mutter und Tochter gelöst werden, vor allem gelang es im intensiven beraterischen Kontakt an die verschüttete Liebesfähigkeit der Mutter zur Tochter, die geknüpft war an die Bewältigung eigener Minderwertigkeits- und Schuldgefühle, heranzukommen und sie neu zu beleben. Im wesentlichen geschah die Wandlung über lebhafte identifikatorische Vorgänge, die Mutter und Tochter, die beide von ihrem Unwert, ihrem Böse-Sein überzeugt waren, ermöglichten, ihr anderes Ich zu entdecken und wechselseitig stärkend und bestätigend im Miteinander neue positive Erfahrungen zu machen.

Im Rahmen des gruppentherapeutischen Heilungsprozesses stand im Vordergrund vor allem die Suche nach einer neuen schuldfreien Identität und damit verbunden das Akzeptieren-Können der weiblichen Rolle. Hierzu war der Prozeß der Auseinandersetzung mit dem negativen Mutterbild im Mädchen selbst und in der Spiegelung durch das Tun der Gruppenmitglieder Voraussetzung für Bewältigung von Angst und Schuld und fruchtbarer Neubeginn.

Harry, 11 Jahre

Symptomatik: Schulschwierigkeiten auf sprachlichem Gebiet trotz hervorragender intellektueller Begabung (»unbenotbares Diktat«), Ängste, z. T. phobischer Qualität, Kontaktstörungen.

Harry wirkte auf den ersten Blick ganz besonders liebenswert. Sein gefälliges Äußeres mit den schwarzen Haaren und leuchtend blauen Augen, das freie Sich-Geben-Können, die Aufgeschlossenheit der Therapie gegenüber, ließen seine schwerwiegende Problematik kaum ahnen.

Die frühe Entwicklung des Jungen zeigte keine besonderen Auffälligkeiten. Allerdings war die Ehe der Eltern bereits bei seiner Geburt problematisch. Die Mutter erlebte sich noch stark an die eigenen Eltern gebunden und fühlte sich verpflichtet, sich stark im elterlichen Geschäft zu engagieren, so daß Harry als Kleinkind viel allein war. Im Kindergartenalter traten erste Auffälligkeiten zutage: Harry erwies sich als recht kontaktgestört, konnte zu anderen Kindern kaum Beziehung aufnehmen und war in seinem Gesamtverhalten nach ersten lautstark-weinenden Protesten eher resignativ-depressiv.

Als Harry fünf Jahre alt war, ließen sich die Eltern scheiden, ohne das Kind jedoch zu informieren. Mit sieben Jahren kam Harry auf Rat einer beratenden Psychologin für ein Jahr in ein psychotherapeutisches Kinderheim, allerdings ohne daß die Symptomatik sich entscheidend änderte.

Harry erlebte sich trotz einer ungewöhnlich hohen Intelligenzkapazität als mißgestaltet, unharmonisch und fehlerhaft. Den eigenen Unwert versuchte er mit betont werbendem Verhalten auszugleichen und identifizierte sich mit der narzißtischen Forderung absoluter Vollkommenheit. Das Nicht-Erreichen dieser Wunschvorstellung wurde mit resignativen und depressiven Neigungen beantwortet, spornte ihn andererseits jedoch wiederum an zu neuen Höchstleistungen, die im Verein mit den Erwartungshaltungen der Eltern eine absolute Überforderung seiner seelischen Leistungsmöglichkeiten darstellen mußte.

Die Mutter, eine sehr differenzierte, jedoch vorwiegend verstandesbetonte Frau, schildert ihre eigenen Eltern als streng. Der Vater war eher ungeduldig aufbrausend, die Mutter fordernd und neigte dazu, mit Liebesentzug zu bestrafen. Emotionale Wärme habe sie wenig erfahren, das Hauptinteresse der Eltern konzentrierte sich auf das eigene Geschäft.

Der Vater Harrys ist ein emotionaler, gelegentlich heftiger Mann. Er ist weitgehend mit einer brillanten intellektuellen Fassade identifiziert und muß auf seine geschiedene Frau alle negativen Aspekte des Weiblichen konzentrieren, während der Sohn als eigenes Idealbild vergöttert wird.

Von seinen Eltern berichtete Harrys Vater, daß sein Vater, der starb, als er 12 Jahre alt war, hart und zwanghaft gewesen sei, während seine Mutter eher depressiv reagiert habe. Sein Bruder wurde Alkoholiker.

Die frühe Störung im Rahmen dieser Familiengeschichte ist dem Vater nach mehreren Jahren psychotherapeutischer Erfahrung bewußt, er bezeichnet sich als »leicht zwanghaft mit schizoiden Einsprengseln.« Allerdings kokettiert er auch mit dieser Freiheit, sich selbst zu beurteilen und schützt sich damit vor einer als vernichtend befürchteten Fremddiagnose.

Die zunächst eingeleitete Einzeltherapie Harrys hatte zum Ziel, die einseitige intellektuelle Ausrichtung im Rahmen der seelischen Entwicklung zu relativieren und Gemüts- und Gefühlskräfte nachreifen zu lassen. In diesem Zusammenhang ging es um heftige Konfrontationen mit seinen Ängsten, die sich vor allem auf die ungesicherten Erfahrungen sowohl mit dem Männlichen als auch dem Weiblichen bezogen. Da er letztlich für beide Eltern narzißtisches Objekt und nur als solches geliebt war, mußte er seinen Eigenwert erst innerhalb der therapeutischen Situation erleben und vielfältig von Neuem bestätigen. Die nach 2 Jahren Einzeltherapie eingeleitete zunächst parallel laufende, später ausschließliche gruppentherapeutische Behandlung war vor allem unter dem Aspekt der Bewältigung von Kontaktproblemen und der Überwindung von Angst, die aus der Rivalitätssituation erwuchsen, geplant. Auseinandersetzung und Kampf hatten in Anlehnung an die elterliche »Kampfehe« ausschließlich negativen-destruktiven Gehalt. Sein Versuch liebenswürdiger und kluger Anpassung galt einer Bewältigung dieser Ängste. Er mußte jedoch über die Behandlung zu einer gesunden und vitalen Aggressivität vorstoßen, die diese Kraft als dynamische Möglichkeit, nicht als vernichtende Gewalt, als etwas Böses, einstufte.

Dieser Entwicklungsweg, ablesbar an seinen Bildern, ging zunächst aus von Darstellungen aus dem archaischen Raum. Er zeigte und malte undifferenzierte, nicht individuelle Persönlichkeiten, die wenig menschliche Bezogenheit ausstrahlten und mehr durch ihr grausames, »böses« Tun, als durch ihre Eigenart an sich wirkten. Über den Erfahrungsprozeß im Rahmen der gruppentherapeutischen Behandlung gewannen Harrys Figuren zunehmend an persönlicher Aussagekraft, die Gesichter prägten sich individuell und strahlten einen persönlichen Gefühlsbezug aus. Harry selbst wandelte sich in dieser Zeit entscheidend von einem intellektuell betonten Rationalisten zu einem Menschen, dem Gefühle wichtig wurden und der auch andere nach ihren Gefühlen fragen konnte. In der Konfrontation mit den Emotionen anderer erfuhr er immer mehr über sein eigenstes, individuelles So-Sein und lernte damit sein persönliches Leid, wohl Vater und Mutter, aber keine »Eltern« zu haben, zu tragen ohne es zu verleugnen.

Markus, 11 Jahre

> *Symptomatik:* nächtliches Einnässen, Eßstörungen (schlechter Er-
> nährungszustand), Nägelbeißen, motorische Unruhe, Ängste, vor
> allem Trennungsängste, Dunkelängste, depressive Verstimmungen
> mit Selbstmordandrohungen, autodestruktive Neigungen.

Markus war ein sehr zierlicher, feingliedriger Junge. In dem blassen
Gesicht mit dem üppigen Haarschopf beeindruckten vor allem die
übergroßen, dunklen, schwermütigen Augen.
Markus war zunächst ein erwünschtes Kind, allerdings absolvierte
der Vater des Patienten gerade einen Umschulungskurs und die
Mutter mußte aus diesem Grund berufstätig sein. Entgegen ihrem
Wunsche, voll für ihr Kind da sein zu können, mußte sie während
der Schwangerschaft nach Möglichkeiten suchen, das Kind unter-
zubringen. Schließlich fand sich nur die Lösung, daß das Kind zur
Schwester in einer nahegelegenen Kleinstadt gebracht wurde und
dort während der Woche mit den 10 und 12 Jahre älteren Vettern
aufwuchs und zum Wochenende zu den Eltern zurückkam. Die
Mutter berichtete, sie habe unter dieser Trennung zunächst maßlos
gelitten, allmählich habe sie sich aber wie ausgebrannt und ausge-
weint erlebt und den Eindruck gehabt, daß jegliches warme emotionale Gefühl zum Kind abgestorben sei.
Als der Umschulungslehrgang des Vaters beendet war, wurde
Markus, zweijährig, nach Hause zurückgeholt. Mit zweieinhalb
Jahren machte er eine schmerzhafte Phimoseoperation durch, mit
3 Jahren wurde nach langer Beobachtungszeit eine Blinddarmope-
ration durchgeführt. In dieser Zeit durfte Markus von seinen Eltern
nicht besucht werden. Markus sei aus dem Krankenhaus vollständig
heiser wiedergekommen, so viel habe er geschrien.
Dank seiner ausgezeichneten Intelligenz und einer ausgesprochen
künstlerisch-musischen Begabung verliefen die Grundschuljahre
relativ problemlos, allerdings fiel Markus in der Schule immer
wieder durch seine Neigung zu Streichen auf, die häufig einen destruktiven Aspekt hatten und bei denen er es immer wieder arran-
gierte, daß er entdeckt und bestraft wurde.

Als Markus 7,4 Jahre alt war, wurde eine einzeltherapeutische Behandlung eingeleitet.

Es war für das Kind sehr schwierig, sich vertrauensvoll in die Therapiesituation hineinzubegeben; insbesondere Trennungspausen, die durch Schulferien bedingt waren, wurden mit der Reaktivierung heftiger Ängste beantwortet. Als entscheidendes traumatisches Erlebnis muß ein schwerer Unfall in den Sommerferien, acht Monate nach Therapiebeginn, angesehen werden. Markus wurde beim Schwimmen so unglücklich von einem Erwachsenen getreten, daß er sich einen Kieferbruch zuzog. Markus konnte während seines fünfwöchigen Krankenhausaufenthaltes zunächst per Sonde, dann durch den fast geschlossenen Mund nur flüssig ernährt werden und magerte zu einem kleinen Gerippe ab. Die Therapie, die mit Hilfe regelmäßiger Besuche im Krankenhaus konsequent weitergeführt wurde, erlebte das Kind als wesentliches stabilisierendes Element, um so mehr als die Eltern im Rahmen eigener Ambivalenzkonflikte, das Kind nur ungenügend emotional stützen konnten.

Zur Familie: Die Mutter des Patienten lebt in einer noch weitgehend ungelösten hochambivalenten Bindung an die Mutter. Diese habe eine große Dominanz gehabt, der Vater sei im Laufe der Ehe mehr und mehr zum Alkoholiker geworden und mehr Kind als Vater gewesen.

Die Mutter von Markus erlebt sich in bezug auf die eigene Mutter als einerseits verwöhnt, andererseits jedoch stark belastet. Sie war die Vertraute der Mutter bei deren Ehedramen und mußte sich, um dieses Vertrauen zu rechtfertigen, immer auf die Seite der Mutter schlagen, sicher auch, um die Liebe der Mutter nicht zu verlieren. Die ödipale Bindung an den Vater wurde in der Konsequenz verleugnet und kompensiert in einer Identifikation mit der dominanten Weiblichkeit der Mutter. Folgerichtig wählte sich die Mutter mit dem Vater von Markus einen weichen, labilen Mann, der Ängste vor archaischen Triebimpulsen (heimliches Sammeln von Pornoheften) mit großer Zwanghaftigkeit unterdrückte. Die ungelebten Persönlichkeitsanteile äußerten sich bei beiden Eltern in explosiven Affektausbrüchen, bei denen Tätlichkeiten nicht selten waren.

Die Mutter des Vaters war eine überfürsorgliche Frau, die jedoch wenig emotionale Wärme ausstrahlte und ihren beiden Söhnen überwiegend Schuldgefühle machte. Auch hier war die Ehe sehr schlecht und konnte letztlich nur mit der Unterordnung des Vaters unter eine bestimmende Frau aufrechterhalten bleiben.

Auf dem Hintergrund dieser familiären Erfahrungen und Einstellungsweisen mußte Markus, ebensosehr wie sein drei Jahre jüngerer Bruder das Gefühl entwickeln, daß das Männliche, schwach und hilflos sich einer weiblichen Dominanz unterzuordnen und nur dann eine gewisse Existenzberechtigung hat.

Entsprechend dürften die Ängste des Jungen sowohl die Macht des Weiblichen schlechthin, aber auch die Sorge um die eigene bubenhafte Männlichkeit beinhalten. Damit muß die regressive Entwicklungstendenz des Kindes als Versuch zu verstehen sein, im neutralen »Baby-Sein« einer existentiellen Gefährdung zu entgehen, gleichzeitig darüber hinaus aber auch Ausdruck sein für ungelebte Sehnsüchte nach einem Stück wärmender Sicherheit in der Welt.

Im Rahmen der dreijährigen Einzeltherapie ging es um einen langwierigen Prozeß der Bewußtmachung dieser tiefsitzenden, letztlich depressiven Problematik. Erst die Konfrontation innerhalb der therapeutischen Gruppe ermöglichte jedoch die entscheidende Bearbeitung dieser Thematik, die vor allem auch in zunehmendem Maße eine Auseinandersetzung mit den wild-archaischen Triebimpulsen, speziell der aggressiv-destruktiven Seite bedeutete.

Demonstrierte Markus mit seinen Zeichnungen zunächst frühe traumatische aber weitgehend abgewehrte Frustrationen (ins Karrikaturistische verfremdete Gefühlsinhalte der Leere und des Verlassenseins), versuchte er sich weiter mit dem Bild und Ideal männlicher Macht und Ohnmacht auseinanderzusetzen, um schließlich mit Hilfe der Übertragung auf die Therapeutin vor allem das negativ archaische Mutterbild in seiner ganzen negativen Wirksamkeit zu reaktivieren und allmählich zu bewältigen. Die Gruppe diente als Möglichkeit, diese negative Mütterlichkeit vielfach zu spiegeln. Sie hielt seine destruktive Aggressivität aus, wodurch die Erfahrung der Unzerstörbarkeit eines geliebten Objektes einerseits und die Relativität eigener Gefährlichkeit, eigenen Böseseins zur neuen Basis für Ichintegrität wurde.

Das Böse in seiner archaischen Form – individuelle Erfahrung des Einzelnen

Der malerische Prozeß der Auseinandersetzung mit dem Bösen setzte in der Gruppe sehr spontan ein. Er entzündete sich am Bericht Myriams über die negative Beziehung zur eigenen Mutter. Gewissermaßen als Antwort entstand Bild 3, von Cornelia gemalt, das Bild eines weiblichen Wesens, das von ihr mit »Frau Bösewichtin« überschrieben wurde.

»Frau Bösewichtin«

Wir sehen eine wilde Person, bekleidet mit einem grünen Pullover, einer blauen Hose und einem braunen Gürtel. Im Grün erleben wir eine Farbe, die an den wachsenden, fruchtbringenden Naturaspekt erinnert. Es werden mit dieser Farbe positive weibliche, weitgehend dem Vegetativen verwandte Züge symbolisiert, so wie wir sie auch in einer selbstverständlichen, instinktnahen Mütterlichkeit finden. Das Blau dagegen strahlt sehr viel mehr Kühle aus; es ist eine Farbe, die in sich ruht. In ihr symbolisieren sich lebhafte Gegensätze, wie übrigens jede Farbe in ihrer Bedeutung von der Polarität lebt. Blau kann die Reinheit jungfräulicher Mütterlichkeit (Schutzmantelmadonnen) und geistige Klarheit verkörpern. Der negative Aspekt bedeutet Intensivierung von Ruhe und Zurückgenommensein zu distanzierender Kälte oder schneidender Intellektualität, die lebendige Beziehungen mit Hilfe von Meinungen, Vorurteilen, Überzeugungen zerstört und instinktive emotionale Wärme nicht aufkommen läßt.

Hose und Pullover in ihrer auffallenden farbsymbolisch dargestellten Unterschiedlichkeit zeigen das Zerrissensein des Mädchens innerhalb seiner Suche nach weiblicher Identität. Hier hat sicher auch die blaue Hose, die die Geschlechtlichkeit der »Frau Bösewichtin« verbirgt, besondere Aussagekraft hinsichtlich der augenblicklichen Einstellung des Mädchens zu sich selbst.

Der braune Gürtel könnte Hinweis dafür sein, daß sich jedoch ein

Wandlungsprozeß im kindlichen Erleben abzeichnet. Trotz der sichtbaren Erschwerung in der Identitätsfindung ist der Gürtel, das Haltgebende, in warmem Braun, der urmütterlichen Farbe, gehalten.

Im krassen Kontrast hierzu wiederum steht der wilde Kopf mit den dunkelroten Haaren, der schwarzen Brille, die die Augen blicklos erscheinen läßt, dem abwärts gezogenen Mund, der einen Eindruck von Härte und Grausamkeit erweckt. Der rechte Arm mit einem ausgeprägten Bizeps schwingt ein Messer, von dem Blut – die gleiche Farbe wie die Haare – heruntertropft.

Die linke Hand erscheint mir besonders bemerkenswert: grünlich-gelb, schlangenhaft anmutend, mit langen Fingern, erinnert sie an Gliedmaßen von Nixen und Wasserwesen. Wir spüren dieser Figur ab, in wie starkem Maße das Weibliche mit quasi männlich-brutalen, grausamen Zügen ausgestattet ist und in dieser Mischung tödlichen Charakter hat. Cornelia, die dieses Bild sehr spontan malte, demonstrierte damit aus subjektiver Perspektive die negative eigene Erfahrung aggressiv-mächtiger Weiblichkeit, andererseits stellte sie auch stellvertretend für die Gruppe den Aspekt des »Bösen« schlechthin dar, der erlebbar ist an einer grausamen Haltung, die individuelles Leben bedroht. Es dürfte wohl nicht umsonst sein, daß diese Figur keine Augen hat, sondern nur eine Brille, die zwar die Sehfähigkeit von vorhandenen Augen verstärkt, fehlende Augen, mangelndes Wahrnehmen jedoch nicht ersetzen kann. Man könnte annehmen, daß damit initialhaft ein Gesamtgruppenerleben dargestellt ist, das die bange Frage in sich schließt: »Werde ich gesehen und gleichzeitig darf ich sehen, wie es um mich, meine innere Realität bestellt ist?«

Diese Frage richtet sich an die Gruppe, aber auch an mich als Therapeutin. Es ist eine Frage, der wir uns immer wieder neu stellen müssen: Sehe und erlebe ich die Einzelpersönlichkeiten der Gruppe, die Gruppe als Ganzes in einer adäquaten Weise, kontrolliere ich mich im Hinblick auf die Gefahr zu bewerten, orientiere ich mich an dem Wahrnehmbaren, oder gehe ich von Meinungen, Überzeugungen, theoretischen Konzepten aus, um lebendiges Leben zu verstehen?

Das Messer, u. a. Symbol eines Heilungsversuchs im chirurgischen

Eingriff, könnte in diesem Zusammenhang auch den beklemmenden Hinweis an mich als Therapeutin bedeuten, wie verletzend, lebensgefährdend »messerscharfe« Deutungen erlebt werden. Nur zu leicht sind wir ja in der Gefahr, im therapeutischen Deutungsrausch Bewußtwerdung um seiner selbst willen anzustreben und den Patienten in seiner augenblicklichen Tragfähigkeit und Belastbarkeit zu übersehen.

»Vampir Bösewicht«

Angeregt durch dieses Bild malte Harry in der nächsten Gruppensitzung den »Vampir Bösewicht« (Bild 4). Wichtig war Harry bei der Interpretation seiner Zeichnung vor allem der steife, blauschwarze Kragen, der in seiner Starre das Maskenhaft-Dämonische der dargestellten Figur unterstreicht.

In der gemeinsamen Betrachtung des Bildes phantasierte die Gruppe, daß dieser steife Kragen den Eindruck erwecken könne, als dürfe sich der Kopf nur in dieser sehr eingeschränkten, im Grunde eindimensionalen Haltung bewegen.

Über die Farbsymbolik ergeben sich weitere Interpretationsansätze, die wiederum wesentliche Rückschlüsse auf Person und Problematik des Zeichners zulassen.

Dunkles Blau ist erregungslose Ruhe, ist Entspannung und Befriedigung. In dieser Farbe kann sich aber auch Kälte, Rückzug ausdrücken, ein Gehalt, der durch die Kombination mit der Farbe Schwarz noch akzentuiert wird. Schwarz symbolisiert ebensosehr Düsterkeit, Leblosigkeit, Trauer wie Stauung, Abwehr und Verdrängung. Beide Farben in ihrer im Bild des Vampirs dargestellten Gemeinsamkeit vermitteln eine Erfahrung innerer Einsamkeit, vielleicht, weil gemüthafte Bindung im Erleben Harrys nicht zur prägenden Erfahrung werden konnte und damit die individuelle wie auch die kollektive Erfahrung des Weiblich-Mütterlichen negativ besetzt wurde. Tatsächlich handelt es sich ja bei diesem Jungen um eine tiefgehende Problematik in der Beziehung zum Mütterlichen. Frustrationen im Bereich früher emotionaler Erfahrungen, Mangel an Wärme und Geborgenheit hatten ihn dazu veranlaßt, mit Hilfe

Abb. 10: Marsmensch Bösewicht

Abb. 11: Rocker Bösewicht

Abb. 12: Marianne Bösewicht, die Leidende

Abb. 13: Hypnotiseur Carlo von Bösewicht oder der Traurige

einer ausgezeichneten Begabung seine Intellektualität zur tragenden Fassade auszubauen und in Problemsituationen einzusetzen. Es kam zu einer im Bild sehr deutlich spürbaren starren Kopflastigkeit, die keine Möglichkeit der Hilfe in Auseinandersetzungen mit Triebimpulsen darstellen konnte. Kastrationsängste, einmal als Folge dieser negativen Mütterlichkeit, auf der anderen Seite eines übermächtigen, subjektiv unerreichbaren Vaterbildes waren notwendige Konsequenz und werden uns in späteren Bildern noch beschäftigen.

Mir scheint bemerkenswert, daß die zwei spitzen Eckzähne auf diese Thematik hindeuten: Zähne als Abbilder aggressiver Stärke sind eingebunden in den Mundraum und damit nur begrenzt autonom.

Ich möchte in diesem Zusammenhang an die Dinosaurier erinnern, die in ähnlicher Weise die Zähne als Symbol von Macht aber auch selbstbedrohender Gefahr trugen. Machen wir uns noch einmal das Wesen des Vampirs deutlich, so liegt das Gefährlichste dieser Figur in seiner fressend-vernichtenden Haltung, die Lebendiges und Totes verschlingt, für Harry bedrohliche Vergangenheit und düstere Zukunftsperspektive!

»Fledermaus«

Eine konsequente Fortsetzung dieser Thematik erlebten wir innerhalb der Gruppe im nächsten Bild Harrys, das er einige Wochen später malte (Bild 5): Eine Fledermaus mit menschlichem Kopf und Hörnern. Es liegt nahe, hier den Erlebnisgehalt aus der Zeit der Romantik parallel zu setzen, in der die Fledermaus als teuflisches Tier erlebt wurde (im Gegensatz zu China, wo die Fledermaus ein Symbol für Glück und langes Leben ist). In unserem Kulturkreis gilt die Fledermaus als Inkarnation des Bösen, als Tier, das sich festkrallen kann und ähnlich der Figur des Vampirs den kleinen Kindern das Blut aus den Adern saugt. Für diese negative Interpretation als Ausdruck des unbewußten Erlebens des Jungens spricht auch die Darstellung: Der Aspekt des Festkrallens läßt sich deutlich wahrnehmen, ebenso gleichsam als Betonung des Bösen, die Hörner und der fast teuflisch anmutende Kopf. Auch hier erleben wir die Hauptproblematik des Kindes in malerischer Darstellung: Der plastisch ausgeführte Kopf als eigentlicher Träger des Bösen und der wesentlich undifferenziertere Körper im grauen Farbton – schwebend zwischen Tag und Nacht – beinhalten in gleicher Weise Angst und Wandlungsmöglichkeit.

Grau ist im Grunde charakterisiert durch seine Nichtfarbigkeit, grau ist neutral, macht keine Aussage, könnte also mit einer Haltung der abwartenden Vorsicht interpretiert werden, einer Vorsicht, die recht gut zur Haltung der Intellektualität und Rationalisierung paßt. Harry hatte eine ausgeprägte Fähigkeit entwickelt, sich immer wieder in größere Distanz zurückzuziehen, sich abzuschirmen und, bildhaft gesprochen, die farbigen Möglichkeiten, die in den ausgebreiteten Schwingen des Vogels liegen, vorerst noch nicht zu realisieren.

In Ergänzung zu diesem grauen Körper erscheint mir der violette Hintergrund des Kopfes wesentlich. Violett ist die Farbe großer Sensibilität. In der christlichen Mythologie gilt sie gleichzeitig als Farbe der Buße, leidender Depressivität und Wandlung. Nehmen wir violett als Mischfarbe, bestehend aus rot und blau, so liegt nahe, in der Verwendung des Violetts einen Versuch zu sehen, das Gegensatzpaar rot und blau, Symbole vitalen, impulsiven Eroberns, und Zurückhaltung, mögliche zärtliche Hingabe zu einer Einheit zu verschmelzen. Daraus ergibt sich, daß sich in der violetten Farbe Möglichkeiten sensibler Einfühlung und Identifikation symbolisieren.

Die reiche Palette dieser sich aus der Farbsymbolik ergebenden Möglichkeiten steht Harry zwar bis jetzt noch nicht zur Verfügung, die verhaltene Farbigkeit des Hintergrundes könnte jedoch bedeuten, daß dem Jungen diese Fähigkeiten eines intuitiv-sensiblen Verstehens zunehmend dann zur Verfügung stehen können, wenn die Dominanz der Kopfregion in ihrer Einseitigkeit zugunsten eines Gleichgewichts mit dem Unbewußten ausgeglichen wird.

In diesem Zusammenhang könnte das Gelb des Kopfes noch eine weiterführende Interpretation zulassen: Gelb ist Ausdruck des Lichtes, des Solaren, der Majestät und ist reinstes Symbol männlicher Kraft und Stärke. Im Gelb symbolisiert sich eine nach allen

Seiten hin ausstrahlende Helligkeit und Weite; es dürfte damit auch die positiven Aspekte des Intellekts als Möglichkeit der Entwicklung einer höheren Geistigkeit anzeigen. So könnte der Kopf der Fledermaus andeuten, daß Harry bereit ist, männliche, geistige Möglichkeiten wahrzunehmen und sie in sich zu entwickeln.

Das Böse in seiner archaischen Form – Kollektive Erfahrung in der Gruppe

Im Rahmen einer Gruppentherapie soll der therapeutische Prozeß in seiner Dynamik neben der Wandlung, Neuorientierung des Einzelnen immer auch eine Reifung des Gruppenganzen im Auge behalten. Konfliktsituationen, wie ich sie weiter oben darzustellen versuchte, werden zwar vom Einzelnen artikuliert, haben aber auch immer eine Aussagekraft, die die Gruppe als Ganzes betrifft. Im Aufnehmen und Bearbeiten einer spezifischen Thematik erfahren die anderen Kinder an sich selbst Parallelen und entwickeln in einem Akt der Gemeinsamkeit den Mut, Gefühle der Peinlichkeit, der Illegitimität, der Schuld zu überwinden, um nach dem Gruppenthema zu suchen, sich ihm zu stellen und es zu klären.
Es geht mir in der dynamischen Gruppenarbeit darum, daß die Kinder nicht nur theoretisch wissen, sondern personal erleben, daß das Problem des anderen auch mein ganz persönliches Problem ist.
Damit kann sich vom Sinngehalt der Therapie her eine Linie für das Kind entwickeln, die zum Ziel nicht die isolierte Auseinandersetzung mit Einzelproblemen hat, sondern den Prozeß der gemeinsamen Rücknahme von Projektionen, einer Integration zunächst am anderen wahrgenommener, eigener Persönlichkeitsanteile und damit die Aussicht, einen neuen Weg für sich und mit den anderen zu finden.

»Dracula«

Gewissermaßen als Einleitung zur aktiven Auseinandersetzung mit
dem »Bösen« auf Gruppenebene, erschien Markus zur Faschings-
zeit als leibhaftige Verkörperung dieser bösen Identität, als Dracula. Er war in seiner Erscheinung und in seinem Verhalten so
vollständig identifiziert mit dieser Schreckensfigur, daß er zunächst
mit seinem Erscheinen in der Gruppe große Betroffenheit aus-
löste:

In dem kaltgrün geschminkten Gesicht leuchteten die schwarzum-
randeten Augen dämonisch gefährlich. Der verschlingende, tod-
bringende Aspekt der Figur wurde durch ein künstliches Gebiß mit
überlangen Schneidezähnen unterstrichen. Ein wehender schwar-
zer Mantel und eine enganliegende schwarze Kappe verstärkten den
Eindruck der Repräsentanz des absolut Bösen. Die fast verstörte
Gruppe hatte zunächst Schwierigkeiten, das Bild dieses »Bösen«
von dem sich dahinter verbergenden Gruppenmitglied zu trennen,
was sich in der Manifestation starker gefühlsmäßiger Ambivalenzen
äußerte.

Einerseits erlebte ich ein angstvolles Zurückweichen und rationali-
sierende Argumente, dahingehend, eine solche Verkleidung ginge
über einen Faschingsscherz hinaus und passe nicht in die Gruppe.

Auf der anderen Seite wuchs in sich verstärkender Faszination das
Bedürfnis, ebenfalls diesen Aspekt des »Bösen«, des Gefährlichen
und Verschlingenden zu leben. Es entwickelte sich allmählich ein
heftiges Gerangel um das Dracula-Gebiß. Jeder einzelne wollte sich
das Gebiß aneignen, um die anderen damit zu schocken, und es sich
in grotesker pantomimischer Geste einzuverleiben.

Es kam zu einer nicht mehr zu steuernden gruppenkollektiven
Identifikation mit dem »Bösen«. Die demonstrativen aggressiven
Aktionen richteten sich zunehmend gegen mich, im Bedürfnis,
mich fressend, verschlingend zu entmachten, in die Enge zu trei-
ben, zu vernichten. Schließlich drangen alle auch ohne Gebiß in
einem aggressiven Durchbruch auf mich ein, so daß ich mich einen
Augenblick fühlte, wie in einer Schar wildgewordener Teufelswe-
sen, deren Wut sich wie in einer Massenhysterie mir gegenüber
entlud.

Das Ganze dauerte vielleicht zehn Minuten, vielleicht kürzer. Mir erschien es wie ein Spuk, sich jedem ordnenden Zugriff entziehend und genauso plötzlich wieder abebbend. Die Stunde endete in einer gewissen Beruhigung und hinterließ in mir das Gefühl, dem kollektiven Aspekt des Bösen sehr nahe gewesen zu sein und ahnenderweise ein Stück zu begreifen, was Überflutung durch einen komplexgeladenen Inhalt bedeuten kann.

Aus der größeren Distanz späterer Stunden wurde es nochmals möglich, das Geschehen aufzunehmen und die Gruppe mit ihrem Tun zu konfrontieren. Hierbei war bezeichnend, daß die Gruppe selbst nur noch eine vage, verschwommene Erinnerung an diese dramatische Gruppensitzung hatte. Nur das Gefühl eines allgemeinen Chaos war im Bewußtsein geblieben, so daß sich auch aus dieser Perspektive erneut der Schluß ergibt, daß es sich in dieser Stunde um eine kollektive Identifikation mit weitgehend unbewußten, abgespaltenen, aber negativ wirksamen Persönlichkeitsanteilen handelte.

Diese notwendige Regression auf frühkindliche, konfliktbelastete Entwicklungsstufen mit der darin enthaltenen drängenden Suche nach Lösung und Neuorientierung wird innerhalb der Gruppe durch die kollektive Identifikation erleichtert und verhindert eine zu belastende Dominanz von Angst und Schuld beim Einzelnen. Die Möglichkeit, allein und gemeinsam »das Böse« zu projizieren aber gleichzeitig auch sich in dieser Realisierung neu zu erleben und zu begreifen, läßt in zunehmender Weise auch den Mut wachsen, neue Rollen und Verhaltensweisen auszuprobieren.

Diese Polarität wurde innerhalb der Gruppe fast spielerisch über das Medium des Malens erlebt und begriffen, wobei im Vordergrund zunächst vor allem Bilder standen, die, aus überpersönlichen Bereichen kommend, signalhaft auf individuelle Probleme hinwiesen. Über eine direkte Darstellung und symbolische Auseinandersetzung mit der Problematik des Einzelnen in seiner einmaligen und unverwechselbaren Individualität vollzog sich eine Kreisbewegung, bis zum Schluß der Serie der »Familie Bösewicht« wiederum die Manifestation archaischer Inhalte im persönlichen und überpersönlichen Gewand die Bezogenheit auf die Gemeinschaft unterstrich.

Damit konnte sich das einzelne Gruppenmitglied innerhalb des malerischen Gesamtgeschehens immer wieder als ein individuelles, vor allem aber auch als ein Gruppenwesen begreifen und sowohl Angewiesenheit als auch Bezogenheit auf das Kollektiv als innere, zum Teil leidvoll erfahrene Realität, aber auch als prospektive Möglichkeit erfahren. Im Freiwerden positiver und negativer Spannungen erwies sich das Interaktionsfeld der Gruppe als lebensnahe Chance, mit Hilfe des im Bild vollzogenen Reifungsprozesses eine neue Identität als Einzel- und als Gruppenwesen zu suchen und zu finden.

»Gruppenbild«

Myriam stellte diese Konfliktspannung zwischen Einzel- und Gruppenbedürfnissen, zwischen individueller und Gruppenproblematik sehr eindrücklich in ihrem Bild dar, das sie im Gruppengespräch mit »Problemspannungen« bezeichnete (Bild 6):
Zunächst malte sie in der rechten Bildhälfte symbolisch die einzelnen Gruppenmitglieder und deren individuelle Problematik. Die Kreisform, die sie als Symbol der Darstellung wählte, dürfte Hinweis sein auf das Bedürfnis, sich auch innerhalb der Gruppe als etwas Abgegrenztes, Geschlossenes, Rundes zu erleben.
Im linken Bereich zeichnete das Mädchen dann in einem Doppelkreis das »große Runde«, das Gruppenproblem als Summe der Schwierigkeiten der Einzelnen. Es wird hiermit deutlich, wie stark Gruppentherapie immer wieder zum spannungsgeladenen Forum für Bemühungen wird, Einzelaspekten des individuellen So-Seins ebenso gerecht zu werden, wie dem Gruppenganzen, und daß letztlich in der Wahrnehmung der Gesamtgruppe in ihrer sich darstellenden Schwierigkeit auch immer das Sehen des Einzelnen enthalten ist.
Nicht umsonst wählte Myriam für dieses Bild ein schwarzes Papier: Aus dem Dunkel des Unbewußten tritt allmählich das bewußte Empfinden eigenen individuellen Erlebens bei gleichzeitigem Wissen um das Gehaltensein in der Geborgenheit der Gruppe hervor und verdichtet sich zu der Erkenntnis, daß allein sein und sich

bezogen wissen nicht eine sich ausschließende Alternative sein muß, sondern fruchtbares »sowohl-als-auch« bedeuten kann.

Das Erleben des »Bösen« innerhalb der Gruppe entwickelte sich aus der Kollision dieser beiden Kraftfelder, des individuellen und des gruppenbezogenen Standpunktes und eines Versuches, Selbstbehauptung und Fremdwahrnehmung in eine innere Balance zu bringen ohne in die Extreme einer Verdrängung eigener Bedürfnisse einerseits oder einer demonstrierten Rücksichtslosigkeit andererseits zu verfallen.

Die Schwierigkeit des Einzelnen, sich in dieser Konfliktspannung und den dadurch mobilisierten heftigen Emotionen zurechtzufinden, drückte sich häufig innerhalb der Gruppe in einer Zunahme von Reizbarkeit und Empfindlichkeit aus, die angstgeprägt, nach sichernden Lösungen strebte.

Eine verführerische Möglichkeit bot sich für die Gesamtgruppe im Wunsch Einzelner nach der Rolle des »Gruppenbosses« an. Dieser scheint mit Hilfe seiner Dominanz und Überlegenheit die unerträgliche Spannung zugunsten eines gewissen Ausgleichs zu lösen, umsomehr als Eigenbedürfnisse nach Ansehen und Bestätigung wie auch integrierende und harmonisierende Funktionen eine Verbindung vordergründig möglich machen.

Über identifikatorische Prozesse erscheint zunächst die Chance, beiden Ansprüchen gerecht zu werden, für alle gegeben, gleichzeitig wächst jedoch die Erfahrung, daß der andere auch der gefürchtete Rivale ist, was sich bereits in dem Augenblick zu einer bedrohlichen Realität entwickelt, wenn mehrere Kinder nach dieser Rolle des »Gruppenbosses« streben. Ein Beispiel mag diesen Wettstreit um Überlegenheit und Führung in der Gruppe verdeutlichen:

Die fünf Gruppenmitglieder banden sich mit Gummibändern ihre Beine so zusammen, daß jeweils das linke Knöchelgelenk des einen mit dem rechten des anderen verbunden war. Immer einer aus der Gruppe übernahm das Kommando und versuchte, die Gruppe dadurch im Gleichschritt vorwärts zu bringen. Augenblicke der Übereinstimmung wechselten mit turbulenten Szenen, in denen alle Gruppenmitglieder, vergeblich Standfestigkeit suchend, am Boden lagen.

Jedes der Gruppenmitglieder bemühte sich um die Position des

»Kommandeurs«, als einer subjektiv erlebten Vorzugsstellung. Erst im Rahmen der konkreten Erfahrung konnten die Kinder spüren, daß er durch die äußere Gebundenheit an die anderen auch in seiner Handlungsfreiheit eingeschränkt war, jedoch umgekehrt seine Freiheit des Kommandos die einzige Möglichkeit für die Gruppe darstellte, zur Freiheit des gemeinsamen Vorwärtskommens zu gelangen.

Im konkreten Erleben demonstrierten sich die Kinder selbst, in wie starkem Maße innerhalb der Gruppe das Tun des einen zum Tun des anderen wird und in wie sehr ein Führer gleichzeitig ein Gebundener ist.

Damit verloren die Kämpfe um Dominanz und Ausschließlichkeit innerhalb der Gruppe ihre bedrohliche Qualität – Lachen und Humor im Erinnern an die Szenen ineinander verwickelter Gliedmaßen traten an die Stelle vernichtender Aggressivität.

Interessant war in diesem Zusammenhang, daß ich als Therapeut völlig aus dem Geschehen ausgeblendet wurde. Ich durfte allenfalls störende Möbelstücke aus dem Weg räumen, mußte jedoch im Wesentlichen die Unabhängigkeit und Autonomie der Gruppe erleben, die im Erfahren eigener Stärke auf die Aktivität des Erwachsenen zumindest zeitweilig verzichten kann.

Mit Hilfe dieser Erfahrung der Konfliktsituation von Einzel- und Gruppenbedürfnissen, von individuellen Machtansprüchen und Eingebundensein in ein Gruppengeschehen, aus dem man nicht ohne Weiteres aussteigen kann, wurde die kompensatorische Funktion in der Gruppe deutlicher: In der phantasierten Überlegenheit des »Gruppenbosses« können Unterlegenheits- und Selbstunwertgefühle scheinbar bewältigt werden. Die wirkliche Lösung der dahinter verborgenen tiefsitzenden Ängste vor Beziehungsverlust können nur in der Gebundenheit an die Gemeinsamkeit der Gruppe aufgefangen werden. »Wir stehen alle auf einem eigenen und einem fremden Bein«, meinte ein Gruppenmitglied und ließ damit das Wesen der Gruppentherapie als eines Zuwachsens an Autonomie bei gleichzeitiger Einschränkung aber auch Stütze durch die Gruppe deutlich werden.

Ich möchte mich jetzt einem Problemkreis innerhalb der Betrachtung der Problematik des Bösen zuwenden, der in dieser Polarität erstmals im Rahmen der Funktionspsychologie durch Max Lüscher dargestellt wurde.

Das Böse wird auf diesem Hintergrund transparent als ein Pendeln zwischen extremen Gefühlspositionen, die jedoch im Grunde die zwei Seiten einer Münze sind. Sie bedeuten absoluten Kontrast und beinhalten doch gleichzeitig das Sehnen nach harmonischer Vereinigung dieser Gegenstände in einer ausgewogenen Persönlichkeit.

Das zentrale Gegensatzpaar innerhalb dessen sich das Böse, so, wie es uns in den kindlichen Zeichnungen begegnet, am besten fassen läßt, ist auf der einen Seite die Aggression, auf der anderen Seite die Sentimentalität.

Das Böse in der Sentimentalität als unechter Emotionsdurchbruch

Es mag vielleicht zunächst überraschen, wenn die Funktionspsychologie nicht die Depression, sondern die Sentimentalität als Gegensatz zur Aggressivität begreift. Beiden ist gemeinsam der Überanspruch. Die Sentimentalität, die sich im illusionären oder depressiven Gewand zeigen kann, bedeutet Vermeidung der kämpferisch-ergreifenden Bewältigung des Lebens. Sentimentalität ist charakterisiert durch eine überwiegend passive Lebenseinstellung, die in inadäquatem Gefühlsüberschwang die Auseinandersetzung mit der Welt umgeht. In illusionärer Flucht oder passiver Zurückhaltung soll primär die böse Realität des eigenen Ichs verleugnet werden. Die sich dahinter verbergende, immer stärker ausufernde Passivität und Antriebslosigkeit im Sinne des Vermeidens des tatkräftigen Ergreifens der Wirklichkeit, und damit verbunden der Unfähigkeit, eigenes Leben zu begreifen, zwingt zu weiteren Fluchttendenzen im Sinne immer größerer Realitätsferne (Tagträumereien) oder verstärkt resignativer Einstellungen. Im Rahmen einer »Vogel Strauß Politik« versucht der Einzelne, sich selbst Pseudo-Integrität zu beweisen, wenn auch diese Manöver in der Verleugnung aktiv-aggressiver Haltungen und Handlungen den Mißerfolg in sich tragen.

Die Flucht in die Illusion

Dieses hoffnungslose Dilemma einer innerpsychischen Sackgassen-situation und die daraus resultierende verzweifelte Flucht in die Illusion wurde von Bettina in einer Serie von Bildern auf eindrückliche Art dargestellt, von denen ich einige herausgreifen möchte.

Bettina, dieses schmale, stille Wesen, unscheinbar, blaß, mit dunklem Lockenkopf, war innerhalb der Gruppe immer etwas in der Gefahr, übersehen zu werden. Spontan kamen zunächst im Laufe des Gruppengeschehens kaum Äußerungen. Bettina vermied Blickkontakte, nur ein ganz seltenes, flüchtiges Lächeln zeigte, daß sie am Gruppengeschehen emotionalen Anteil nahm. Wurde sie von mir oder anderen Gruppenmitgliedern auf ihre teilnahmslose, antriebsarme Art angesprochen, meinte sie, sie wisse nicht, was sie tun, oder in welcher Weise sie sich beteiligen könne. Diese gelegentlich fast lähmende Passivität wurde für die Gruppe immer wieder zum Problem. Sie hatte es zunächst schwer, Bettina in ihrer Eigenart gelten zu lassen, vielmehr intensivierte die Gruppe ihr Bemühen, Bettina in irgendwelche Aktivitäten hineinzuziehen. Das verstärkte jedoch letztlich des Mädchens Rückzugsverhalten und nahm ihr zunehmend den Mut, aus eigenem Antrieb Anläufe zur Neuorientierung zu machen.

Zu diesem Zeitpunkt erwies sich die immer stärker ausufernde Produktion der Bildserie der »Familie Bösewicht« fast als Rettungsanker. Bettina beteiligte sich am Malgeschehen zunächst sehr still und zurückhaltend, hatte aber zunehmend die Möglichkeit, mit ihren Bildern die Kehrseite aktiv-aggressiven Agierens in manisch-illusionären Größenphantasien darzustellen und wurde damit zum zentralen Gegenpol.

In den Bildern zeigten sich vor allem riesige Erwartungshaltungen bei gleichzeitig recht diffusem, unstrukturierten Eigenbewußtsein, ein Eindruck, der unterstrichen wird von der verwirrenden Vielfalt und relativen Ungeordnetheit der Bilder. Auffallend war der Kontrast zwischen diesem schmalen, grazilen Mädchen und den Darstellungen mächtiger weiblicher Wesen, die in ihrem qualligen, erdrückenden Anspruch ebensosehr Zeugnis ablegen von der gefährlichen Wirksamkeit der verinnerlichten Erfahrung des Weiblichen, wie sie die Notwendigkeit unterstreichen, so zart, so unscheinbar, so passiv, wie nur möglich zu sein, um diesen Schrekkensbildern als Repräsentanten böse erlebter eigener Riesenansprüche nicht zu gleichen.

Die manische Selbstüberschätzung

Das erste Bild, überschrieben mit den Worten, »Ich will machen, was ich will«, stellt ein weibliches Wesen mit wildem Haargestrüpp dar, das in seiner Schlangenähnlichkeit an Bilder aus der Antike erinnert, Erinnyen beispielsweise, die statt der Haare Schlangen trugen (Bild 7).
Schlangen sind ja ein sehr vielschichtiges Symbol und passen in ihrer Eigenart sehr gut zur zwiespältigen Persönlichkeit des Kindes. Die Schlange ist Repräsentant des absolut Bösen, wie auch des Heils: sowohl als Symbol der todbringenden Vernichtung als auch des sich erneuernden Lebens. Trotz dieser dualen Komplexität erscheint mir im Bild eher der negative Aspekt konstelliert. Die Haare, Symbol von Macht und Stärke, ebenso wie Möglichkeit sinnlicher Verführung dürften in ihrer wilden Verworrenheit auch Ausdruck einer unentrinnbaren Verstrickung in eigene machtvolle Triebimpulse, in eigenes Böse-Sein bedeuten. Der von der langen roten Zunge unterstrichene Schrei nach Eigenwilligkeit ist in diesem Zusammenhang mehr hilflose Demonstration phantasierter Unabhängigkeit als Ausdruck selbstbewußter Ichhaftigkeit. Der zur Schau gestellte Protest wird zur Kompensation einer Uneigentlichkeit, die ihre Entsprechung im unfarbigen Gesicht mit den umrandeten, ausdruckslosen blauen Augen findet. Diese, ebenso wie das blaue Kleid, signalisieren Distanz, Rückzug und lassen das hinter dem Protest verborgene Leid der Einsamkeit ahnen. Die in den rechten Bildraum ragende Hand ist mit ihren schwarzen, unentwikkelten Fingern gar nicht in der Lage, die im Rauschmittel demonstrierte Opposition zu leben, ebenso, wie die vereinzelten schwarzen Zähne eher den Eindruck düsterer Hilflosikeit als zupackender Selbstbehauptung vermitteln.

»Chinese Bösewicht«

Die 10jährige Myriam malte den »Chinesen Bösewicht« (Bild 8).
Seine grünen, schräggestellten Katzenaugen wurden zeitweilig zum
»Markenzeichen« subjektiv erlebten »Böse-Seins«. Hierin wird
auch deutlich, daß trotz äußerer Andersartigkeit das Bild des
Chinesen Bösewicht sehr viel mit dem vorausgegangenen Bettinas
gemeinsam hat. Ich möchte annehmen, daß Myriam mit dem Malen
des Chinesen Bösewicht versucht, in einer Flucht in die illusionäre
Selbstüberschätzung die Problematik noch stärker nach außen hin
zu verlagern. Die fast freundliche, Clown-ähnliche Darstellung
verstehe ich in diesem Zusammenhang als Schutz- und Abwehrme-
chanismus gegenüber den sehr intensiven und offenen vorausgegangenen Darstellungen. Wahrscheinlich war es Gruppenbedürfnis,
aus einer zu großen Nähe zur aktuellen Konfliktsituation, angesprochen durch Bettinas Bild, wieder herauszuwachsen, so daß das
Vorgehen Myriams stellvertretend für die Gruppe bedeutete,
Distanz zu gewinnen, um sich in einer neuen Form mit dem
»Bösen« auseinanderzusetzen.
Das lächelnde Gesicht steht im scharfen Gegensatz zu den brutalen
Worten: »Ich liebe das schöne Wort TOT«. Damit drückt sich bereits die große Ambivalenz dieses Kindes dem Bereich des »Bösen«
gegenüber aus. Vielleicht könnte man es so in Worte fassen: »Ich
bin böse und darf es nicht sein, ich möchte böse sein und darf es mir
nicht erlauben.« Im gelben Kopf und dem roten Pullover stellt sich
ein von der Farbsymbolik her verstandenes männliches Prinzip dar.
Die Betonung der gelben Farbe entspricht einmal zweifellos der
Realität der Vorstellung von einem Chinesen, hat darüber hinaus
aber sicherlich auch Symbolwert. Es ist anzunehmen, daß Myriam
sich sehr stark an diesem männlichen Kopfwesen orientiert, d. h.
identifiziert sein könnte mit dem Prinzip des Rationalen, der
Intellektualität, und auf der anderen Seite Schwierigkeiten hat,
Gefühle, die sie erlebt, in einer adäquaten Form zu äußern. Wahrscheinlich wird sie gerade durch ihre Intellektualität an einer Verarbeitung der Gefühle und einer Möglichkeit, den Gefühlen die
richtige Form zu geben, gehindert. Tatsächlich ist ja ein »Haupt«-
Problem Myriams, daß sie nach wie vor, zum Teil abgewehrt, in

einer lebhaften ödipalen Fixierung an den Vater lebt, die unbewußt vom Vater ständig neu aufgeheizt wird und damit in eine Pseudo-Identität zwingt. Parallel zu dieser positiven Bindung an den Vater läuft eine sehr problematische Beziehung zur Mutter. Die Mutter, selbst noch auf einer kindlichen Stufe, rivalisiert mit der Tochter lebhaft um die Zuwendung des Vater/Ehemanns und muß der Tochter gegenüber häufig Aspekte der rachsüchtigen Ehefrau gegenüber einer »neuen« Geliebten verkörpern. Die Biographie und persönliche Lebensgeschichte des Mädchens unterstützte diesen Prozeß.

Für die ganze Familie bezeichnend und spezielles Problem der Mutter ist eine maskenhafte Starre, die sich erst sehr allmählich im Laufe von intensiven Gesprächen lösen konnte und ein großes Maß von Identitätsunsicherheit und Verzweiflung durchbrechen ließ. Möglicherweise zeigt Myriam mit ihrem Chinesen auch ein Stück dieses Problems, nämlich das Undurchdringliche als Fassade und Schutz gegenüber dem Gefühlsbereich. Lebhafte, aggressive oder libidinös besetzte Emotionen galten in dieser Familie in ihren spontanen Äußerungen als »böse« und wurden häufig auch mit brachialer Gewalt geahndet.

Es ist verständlich, daß das Mädchen auf Grund seiner belastenden Früherfahrungen große Schwierigkeiten hat, Autonomie zu entwickeln, Sicherheiten im Hinblick auf ihre geschlechtsspezifische Rolle zu finden und stattdessen in die Illusion einer distanzierten Selbstüberschätzung flüchtet. Myriam mußte sich sehr männlich identifizieren, um die Angst vor der eigenen Weiblichkeit wegzuschieben. In einseitiger Entwicklung ihres ausgeprägten Intellekts versuchte das Mädchen, kompensatorisch frühe Entbehrungen zu bewältigen und sekundär über gute Noten Anerkennung und Zuwendung durch den Vater zu bekommen. Zur Schau gestellte Gleichgültigkeit und emotionale Unbeteiligtheit als Versuch, tief beunruhigende Gefühle, vor allem auch aggressiver Natur, zu tarnen, vermittelten Myriam durch die Umwelt gerade das Gegenteil dessen, was sie sich dringend wünschte, nämlich Ablehnung, Isolierung und Verständnislosigkeit. Heftige Rivalitäten gegenüber dem jüngeren Bruder der als »Mutters Liebling« eine besondere Vorzugsstellung genoß und all das bekam, was sich Myriam von der

Mutter ersehnte, drängten sie immer stärker in die Bindung an den Vater und zu einer Betonung des Leistungsprinzips. Damit entfernte sie sich vermehrt von ihren eigenen sehnsüchtigen Wünschen nach schützender und Geborgenheit spendender Mütterlichkeit und kompensierte in Tagträumen Ohnmacht und Angst. Insgesamt wurde sie damit zu einem Mädchen, das über sein Alter hinaus Rationalität und Intellektualität entwickelt hatte, aber auf der anderen Seite mit erschreckend kleinkindlichen Wünschen und Bedürfnissen in archaischer Undifferenziertheit sich und die Umwelt beunruhigte. Der sich intensivierende Prozeß der Verdrängung dieser emotionalen Bedürfnisse veranlaßte das Kind zunehmend zu einem Mechanismus der Verschiebung ins Gegenteil, nämlich, daß alle Wünsche nach positiver Lebendigkeit verkehrt wurden in eine Glorifizierung des Todesmythos. Eine bezeichnende Sprache sprechen in diesem Zusammenhang die fehlenden Hände und der fehlende Unterleib des Chinesen Bösewicht, als Ausdruck dafür, daß das Kind sich von allen Bereichen aktiv handelnder und fühlender Lebendigkeit abgeschnitten erlebte.
Wenden wir uns der Zahlensymbolik zu, so fällt die sich wiederholende 3-Zahl auf, z. B. in der Dreiheit von Rumpf, Arm, Wange, Zunge, Haaranordnung und Hut. Hier drückt sich über die zeichnerische Symbolik nochmals eine Betonung des männlich-geistigen Prinzips aus, ein Gehalt, der in der Parallele zur Dreieinigkeit einen transzenten Bezug bekommt. Gleichzeitig ist die Dreierkonstellation auch Hinweis auf die ödipale Konfliktsituation, die bei diesem Kind in seiner gelegentlich fast demonstrativ anmutenden Form möglicherweise auch als Abwehr einer tiefgehenden sehr frühen Problematik zu verstehen ist.
Die Zweiheit, wie wir sie in der Betonung von Augen- und Nasenlöchern erleben, erscheint dagegen eher bedrohlichen Charakter zu haben. Der blaue Mund, der von der Farbe her zunächst Ruhe und Besinnlichkeit ausstrahlen könnte, hat aber in seiner nicht-adäquaten Anwendung der blauen Farbe eher den Aspekt von Zurückweisung. Vielleicht zeigt sich hier auch die Neigung zur Rücknahme von oralen Bedürfnissen als Ausgleich zu einer Anspruchshaltung, die das Prinzip des Fressens und Einverleibens noch nicht bewältigt hat. Die Betonung des durchbohrten Herzens dürfte eine »kranke

Nähe« zwischen Mutter und Tochter unterstreichen. Die Mutter war »herzkrank« in Hinblick auf ihre durch dieses Organ symbolisierte Wärme und Geborgenheit spendende gemütstiefe Ausstrahlung. Sie erlebte sich voll Angst, Unsicherheit und latenter Aggressivität gegenüber Ehemann und Tochter, aber auch Myriam spürte ähnliche Bitterkeit, Haß, Wut gegenüber ihrer Umwelt, statt eines liebevollen positiven Zugewandtseins.

Die illusionäre Selbstgefälligkeit

Diese aggressiv-destruktiven Gefühle als Antwort auf eine immer wieder aufs neue mißglückte Selbstfindung fordern im Rahmen eines neurotischen Arrangements immer perfektere Abwehrmaßnahmen, um den wachsenden Druck von Angst und Schuldgefühl auszugleichen.

Die Pflege der äußeren Fassade in narzißtischer Selbstgefälligkeit, krampfhaftes Aufrechterhalten des schönen Scheins, Vollkommenheitsansprüche hinsichtlich äußerer Wirkung sollen Selbstunwertgefühle, Lebensangst und -unfähigkeit überdecken. Diese für eine Tochter lebensbedrohende Einstellung (Schneewittchen!) stellte Bettina im Bild »Babs Bösewicht« dar (Bild 9). Bereits von den äußeren Details scheint hier die reale Mutter abgebildet, deren Hauptinteresse darin zu bestehen schien, einen perfekten Eindruck zu machen. Die damit verbundene psychische Unlebendigkeit kommt im Bild deutlich zum Ausdruck. Die Figur ist bis zum Hals in ein starres blaues Korsett distanzierter Wohlanständigkeit eingebunden, das ganze Wesen erscheint in der Bewegung erstarrt zu sein. Die im Bild ablesbare Passivität – der linke Arm ist nicht angewachsen, der rechte wird wie in einer Schlinge getragen – wurde von der Mutter mit geschäftigen Arrangements, einer leeren Betriebsamkeit überdeckt, von der Tochter jedoch in Form einer infantilen Erwartungshaltung gelebt, was vor allem im Gesicht von »Babs Bösewicht« zum Ausdruck kommt. So sehr die Mutter vom Bewußtsein die Inaktivität des Mädchens ablehnte, so sehr war es für sie unbewußtes Bedürfnis, denn mit einer allmählichen Wandlung des Mädchens, verbunden mit der Entwicklung aktiver, selbständiger Möglichkeiten und Einstellungsweisen, erlebte die Mutter ein solches Ausmaß an Angst, daß sie die Therapie ihrer Tochter nach einem Jahr Dauer abbrechen mußte.

Die zur Schau gestellte Selbstgefälligkeit, die in ihrer Unbezogenheit die Weiblichkeit zum unlebendigen Standbild macht, wird durch die einseitige Verwendung der dunkelblauen Farbe noch unterstrichen. Dieses Blau, an sich Symbol in sich ruhenden Seins, eines Zustandes spannungsfreier Geborgenheit, gewinnt im Zusammenhang mit dieser abgelehnten Figur eine negative Wertigkeit. Bedürfnisse nach vertrauensvoller Bindung bleiben unbefriedigt. In der Kombination mit den gelben Haaren wird der Aspekt des ruhelosen Suchens nach befreiender Weite in befriedigender Harmonie unterstrichen. In diesem Zusammenhang gewinnt der Aspekt der Sucht (Babs Bösewicht raucht drei Zigaretten gleichzeitig!) einen über sich hinausweisenden Akzent: Sucht wird zur Sehnsucht nach erfüllender Nähe. Ersatzbefriedigung wird zur Not-Wendigkeit, um frühe Entbehrungen auszugleichen: »Rauchen und Trinken ist gesund!« In der Atmosphäre narzißtischer Selbstgefälligkeit, die nur sich, nicht den anderen wahrnehmen kann, mußte das Kind emotional verhungern; existentiell bedrohliche Früherfahrungen, die Bettina selbst den unbekümmerten und schuldfreien Bezug zur eigenen Körperlichkeit verstellten.

Starre statt bezogenen Mitschwingens, infantile Hilflosigkeit an Stelle von selbstbewußtem Handeln und schließlich der Rückzug in die Resignation wurden für Bettina zur prägenden Eigenerfahrung, die Wandlung und Neuorientierung schuldhaft besetzten.

Der Umschwung in die Resignation

»Rocker Bösewicht«

Wie düster, tot und leblos Bettina sich selbst und ihr Leben hinter der geputzten Fassade erlebt, zeigt ein weiteres Bild: »Rocker Bösewicht«. Ergänzend schreibt sie dazu: »Er bringt alle kleinen Rocker um« (Bild 11).

der
Ent-
teu-sch-
ten
von
Böse-
wicht

Abb. 14: Der Enttäuschte von Bösewicht

Abb. 15: Professor Bösewicht

Abb. 16: Professor Bösewicht, der Eroberer der Welt

Abb. 17: Prinz Friedrich III. Bösewicht

Hier zeigt sich neben den illusionären Allmachtsphantasien bereits ein Stück der dahinterliegenden Depression, einer verzweifelten und gleichzeitig resignierten Einstellung zum lebendigen Leben. In einer maßlosen Übersteigerung subjektiver Macht ist dieses Wesen in der Lage, alle kleinen Nachkömmlinge zu vernichten, das heißt, die Fortsetzung des Lebens überhaupt zu verhindern. Hier bietet sich die Parallele zur indischen Göttin Kali als einer Personifikation des negativen, lebensfeindlichen Mutteraspektes an, die Göttin, die ihre eigenen Kinder verschlingt.

Erschreckend über diesen Gehalt hinaus war für die Gruppe vor allem der Ausdruck der Leblosigkeit, so wie er sich in dem farblosen Gesicht, den toten Augen, dem qualligen, nicht ausdifferenzierten Körper darstellte. Gewissermaßen unterstreichend ist hier das Grau des Körpers zu verstehen. Grau ist Ausdruck neutraler, erregungsloser Indifferenz, es fehlt die psychische Spannung, ebenso wie die eindeutige Einstellung zu Objekt oder Subjekt.

Und vielleicht ist hier auch das subjektiv Gefährlichste innerpsychischer Erfahrbarkeit ablesbar: Daß die negativen Wirksamkeiten des Mütterlichen ebensosehr wie des eigenen überbordenden Anspruches nicht so sehr aus einer personalen Bezogenheit, aus dem echten Bekenntnis zur eigenen Person, zu vielleicht gerade auch aggressiven Regungen kommen, sondern daß die dargestellte Passivität Ausdruck eines fehlenden Standpunktes ist. (Rocker Bösewicht hat keine Beine!). Das Bedrohliche für Ichidentität und echte Autonomie ist damit ausgedrückt, die Tatsache der undifferenzierten, der unstrukturierten Meinung, die tut, statt aus eigener Entscheidung zu handeln, die meint, statt sich eine eigene Überzeugung zu bilden, die geprägt ist von Vorurteilen und unreflektierten gesellschaftlichen Normen, statt tatsächlich einen eigenen Standpunkt, eine eigene Lebenseinstellung, eine eigene Meinung zu sich und der Welt zu entwickeln.

Symbolisch haben wir hier wohl auf der Basis der Passivität, nämlich einer inneren Starrheit und Unlebendigkeit im Sinne fehlender Ichidentität das ausgedrückt, was C. G. Jung mit der Animushaftigkeit der Frau meint: Die Einstellungsweisen der Frau sind in diesem Moment getragen von Meinungen und Haltungen, die vertreten werden, als seien es eigene Erkenntnisse, die aber resultieren aus kollektiven, undifferenzierten Bewertungen und Einstellungsweisen, die individuell im Grunde unverbindlich bleiben müssen. In der Äußerung und in ihrer Kompromißlosigkeit haben sie jedoch etwas Lebensfeindliches, Beziehungstötendes und bedeuten vor allem den Untergang schöpferischen, kreativen Tuns. Das stellt sich wohl dar in dem Ausdruck, daß alle kleinen Rocker umgebracht werden, d. h. daß alle kleinen, aggressiven und damit auch schöpferischen Nachkommen nicht leben dürfen, weil echte lebensbejahende Aggressivität böse ist.

Hier müssen wir nochmals anknüpfen an die Problematik Bettinas, die auf Grund der Notwendigkeit, sich mit der mütterlichen Haltung einerseits zu identifizieren, andererseits deren passive Emotionen zu übernehmen, um wenigstens eine Orientierung zu haben, sich ihrer eigenen kreativen Fähigkeiten berauben mußte und damit zum Selbstunwertgefühl das Dilemma einer Identifikations- und damit Identitätskrise hinzu kam. Diese durchgängige Verwirrung wurde wiederum schuldhaft erlebt, weil Bettina spürte, so nicht sein zu können, wie »man« nach außen hin sein sollte, aber auch nicht so sein zu dürfen, wie sie es eigentlich von ihrem inneren Entwurf her hätte sein müssen. Die globale Desorientiertheit wurde kompensiert und z. T. aufgefangen mit verstärkter Zurücknahme aller eigenen Tendenzen und einer forcierten Entwicklung zu Passivität und Initiativelosigkeit, basierend auf einer gefährlichen, untergründig autodestruktiven Einstellung, die sich in Unfallneigungen und Selbstbeschädigungen ausdrückte.

Die Lage des Kindes war vor allem deswegen so hoffnungslos, weil der Vater als korrigierendes und kompensierendes Element fehlte, so daß Bettina nicht die Möglichkeit hatte, väterliche Stütze und damit verbunden Orientierung zu finden.

Einzige Alternative zur Mutter stellten die Großeltern mütterlicherseits dar, die jedoch, in gleicher Haltung und Einstellung wie diese, das Mädchen in seinem Urschuldgefühl der eigenen Person, der eigenen Identität gegenüber bestätigten.

Chance der Therapie wäre es gewesen, Bettina über einen schuldfrei erlebbaren Aktionsradius innerhalb der Gruppe den Weg zum männlich-geistigen Prinzip als einer positiven Kraft zu eröffnen, um Angst und Ambivalenz der weiblichen Rolle gegenüber aushalten und damit die schöpferischen weiblichen Kräfte innerhalb der eigenen Person erlösen zu können.

Der Versuch mußte jedoch scheitern, weil die Realität der Abhängigkeit von der Mutter und die neuen Orientierungsangebote der Gruppe zu einem Loyalitätskonflikt führten, der nur durch einen Abbruch der Therapie für das Mädchen lösbar wurde.

Die Bilder, die teilweise aufgehängt wurden, bedeuteten für Mitglieder anderer Gruppen intensives, anregendes, z. T. auch erschreckendes Mittel, sich mit den eigenen »bösen« Anteilen zu beschäftigen.

»Marsmensch Bösewicht«

So entstand, gemalt vom 9jährigen Jörg, der Mitglied einer anderen Gruppe war, die Darstellung »Marsmensch Bösewicht«, ein erschreckend lebloses, roboterähnliches Wesen (Bild 10). Es wird an diesem Bild deutlich, in wie starkem Maß das Freiwerden und Entwickeln neuer Möglichkeiten für den Jungen mit Lebensbedrohung und damit Angst verbunden ist. Alle Raumfahrer, d. h. alle Entdecker von Neuland, werden von diesem unbewegten Geschöpf umgebracht. Die Raumfahrer, die nicht nur allgemein neue Lebensräume, sondern in diesem Falle vielleicht sogar auch den Mars, Symbol der Selbstbehauptung, bewältigen, erobern wollen, sind in Lebensgefahr, dabei ist ja der Mars der Prototyp und aus der Antike überkommenes Leitbild für aggressiv-männlich-kämpferisches Verhalten. Daraus läßt sich schließen, daß die Integration dieser Seite für diesen Jungen von lebensbedrohlicher Qualität war. »Böse« sein heißt also für Jörg ein Zweifaches: Es wird lebensgefährlich, die Erde als Symbol des Familiären, Mütterlichen zu verlassen und die eigenen im Draußen erfahrbaren Möglichkeiten einer individuellen Form von Männlichkeit in Besitz zu nehmen; zum anderen dürfte, wenn wir den Marsmensch als Abbild eigener, noch unentwickelter männlich-aggressiver Attribute erleben, wichtig sein, daß die linke (unbewußte) Hand noch unvollständig bleiben muß, während die rechte, zangenähnlich geformt, das gefährliche Feuer trägt, das vernichtend, tödlich wirksam sein muß, aber auch als Symbol reinigende und läuternde Kräfte beinhaltet. Damit unterstreicht das Kind unbewußt die Notwendigkeit, in prometheischer Kraftanstrengung, das Feuer den Göttern zu rauben, um selbst göttlich, marshaft, das heißt männlich handelnd aktiv werden zu können. Betrachten wir die Farben, läßt ihre Vielfalt einen eher verwirrenden Eindruck zurück. Sie sind in ihrer diffusen Aussagelosigkeit ein Abbild der kindlichen Persönlichkeit zum damaligen Zeitpunkt und entsprechen der Desorientiertheit des Jungen in bezug auf alle emotionalen Bereiche. Die Fülle der Farben ist weniger Aussage als Überdecken der Leere. Noch ist alles potentiell Mögliche gewissermaßen gefangen in der rechten schwarzen Krallenhand und muß auf das befruchtende Feuer warten. Eine ähnliche Sprache spricht auch die Symptomatik des Kindes zum damaligen Zeitpunkt: Leistungsversagen trotz überdurchschnittlicher Begabung, Tagträumereien, Depressionen, Insuffizienzgefühle und emotionale und affektive Durchbruchsreaktionen bei genereller Blockierung aggressiver Impulse. Hilfloses Sich-Aufbäumen und gleichzeitige Leblosigkeit, passives Erdulden übermächtiger Kräfte und sadistische Fantasien stellten das innere Gleichgewicht so in Frage, daß der depressive Totstellreflex einzige Überlebenschance zu sein schien.

Fixiertheit in der Depression. Das Wesen der Depression als Schuldgefühl

Von der Illusion als übersteigerter Flucht haben wir über die leere Aufgeblasenheit einen Halbkreis beschrieben und müssen uns jetzt mit Depression und Melancholie als der starren Kehrseite innerhalb der Unechtheit des Gefühls auseinandersetzen.

In der Depression manifestiert sich eine Erfahrung, die in ihrem Stimmungsgehalt ausdrückt: »Die Welt ist nicht so, daß sie mich glücklich macht, daß sie mir Lebenswert und Lebenssinn vermittelt. Die Welt ist aber auch nicht wert, daß ich mich engagiere und aktiv, tatkräftig etwas Positives in die Wege leite. Vielmehr ist die Welt grundsätzlich eher feindselig; ich muß ihr mit Rückzug oder

Verzweiflung begegnen.« Mit dieser Rücknahme der eigenen Person, der Teilnahme am Leben verneint der Depressive die Bereitschaft, sich anmuten, anrühren zu lassen von der Umwelt und kann in diesem Nichts-Tun eine ungeheuer aggressive bis destruktive Macht über seine Umwelt ausüben. In dieser inaktiven Identifikation mit dem Aggressor zeigt sich zweifellos der hilflose Versuch, nicht in eigenem Schmerz, eigener Verzweiflung unterzugehen.

Daneben weckt gerade der Depressive mit seiner Haltung im anderen Schuldgefühle, ein Empfinden des Versagens, was wiederum Rückschlüsse auf die Grundbefindlichkeit des Depressiven zuläßt. Wir dürfen wohl für den Depressiven letztlich die Schuldgefühle als bestimmende Lebensqualität annehmen und in der Depression den Versuch sehen, sich diesen unausweichlichen und vom eigenen Gewissen schwer geahndeten schuldbesetzten Kollisionen mit der Umwelt zu entziehen.

Gehen wir vom Kind aus, so muß es schon früh die Erfahrung machen, daß Depression selbst von der Umwelt als Schuld angesehen wird. Die Formulierung: »Du hast es doch so gut, Du hast doch keinen Grund für deine düstere Laune,« verstärkt im Kind die Zweifel an der Legitimität dieser Gefühle und intensiviert Unsicherheiten in bezug auf die eigene Person.

Kinder müssen aus der Perspektive des Erwachsenen glücklich sein: Dieser Mythos von der unbeschwerten Sonnigkeit des Kindseins wird jedoch nicht der Schwierigkeit kindlichen Erlebens gerecht, den belastenden Erfahrungen von Abhängigkeit und Ausgeliefertsein, sondern ist vermutlich als Versuch des Erwachsenen zu verstehen, über eine Identifikation mit der Unbekümmertheit des Kindes Resignation, Depression, Enttäuschung am Leben zu überwinden und damit neuen Lebensmut, vielleicht Lebenssinn zu finden.

So wird verständlich, daß das zentrale Erleben des depressiven Kindes geprägt ist von Schuldgefühlen. Diese nehmen ihren Ausgang in einer sich aus mangelndem Vertrauen entwickelnden Identitätsunsicherheit, die eigene Bedürfnisse, Wünsche, Notwendigkeiten als existentiell böse erlebt.

Sie finden ihre konsequente Fortsetzung in Schuldgefühlen, die sich auf Wünsche nach Selbständigkeit, Eigenmächtigkeit, Autonomie beziehen. Trennung darf nicht sein, weil Eigenmächtigkeit böse ist,

Trennung wird Sünde (Sonderung), wie sie aus christlicher Perspektive definiert wird.

Hiermit verbindet sich die Erfahrung, daß die Tatsache, anderer Meinung zu sein, häufig von der Umwelt verurteilt wird. Damit erweitert sich der Erlebnisradius des »Böse-Seins« um die Erkenntnis, daß »Anders-Sein« gleich »Böse-Sein« ist.

Diese Dimension gewinnt in der Gruppentherapie besondere Bedeutung, denn hier erfahren die Kinder jedesmal neu ihre Unterschiedenheit vom anderen bei aller Ähnlichkeit der Empfindungen und der Problematik, ohne daß damit Bewertungen verbunden sind.

Aus der Erfahrung eines Nicht-Richtig-Seins muß sich zwingend der Haß auf die Welt der Objekte entwickeln und gleichzeitig ein Anschwellen der narzißtischen Wut, die beide, als ähnlich böse erlebt, mit Schuldgefühlen verarbeitet und das Empfinden des Unwertes der eigenen Person intensivieren. Der Weg zur Selbstzerstörung als mißglücktem Versuch, sich aus dieser Verzahnung intrapsychischer Problematik herauszulösen, ist naheliegende Folge und hilfloser Lösungsversuch.

Innerhalb dieser Problematik sollten wir noch eine weitere Dimension der Depressivität ins Auge fassen. Ich möchte hierbei von der gesellschaftlichen Einstellung ausgehen, die heftige Emotionen überwiegend an den Rand des Erlebens gerückt hat und richtiges Funktionieren zum Wertmaßstab macht. Hierzu gehört, daß mit diesen Gefühlen gleichzeitig wesentliche Grunderfahrungen des Menschen an die Peripherie gedrängt werden, die Konfrontation mit Krankheit, Schmerz, Altern oder Tod.

Nur so ist es möglich, der Illusion eines ausschließlich starken, gesunden, glücklichen Menschseins zu huldigen und jede Erfahrung, daß diese Sicherheit nur schöner Schein ist, muß noch weiter weggeschoben werden.

So wird auch aus dieser Sicht das Kind schon sehr früh die Erfahrung machen, daß seine depressiven Gefühle nicht erwünscht sind, daß sie sich irritierend, vielleicht sogar angstmachend auswirken, so daß auf Grund dieses unbewußten Drucks ein Verdrängungsprozeß unterstützt wird, der dem Kind einmal mehr die Erfahrung vermitteln muß, daß echte Befindlichkeiten nur so lange von der Umwelt toleriert und bejaht werden, als sie in ihrer Qualität nicht beängstigend, verunsichernd, irritierend wirken und das labile menschliche Gleichgewicht ins Schwanken bringen. Diese Gedanken lassen sich an einer Vielzahl von Beispielen aus dem Alltag erhärten, so die stereotype Antwort »gut« auf die Frage nach dem Befinden, der Hinweis an die Kinder, ein freundliches, fröhliches Gesicht zu machen, die Ermunterung, es nicht so schwer zu nehmen, die demonstrierte Gewißheit, es werde schon wieder besser gehen.

Die Abwehr befürchteter Bedeutungslosigkeit

Drängt die Depression an die Schwelle zum Bewußtsein, so wie es sich durch die Konfrontation mit den Bildern innerhalb der Therapie ergab, kann transparent werden, daß depressive Haltungen auch eine wichtige Funktion haben im Aufrechterhalten eines labilen seelischen Gleichgewichtes, nämlich sich durch Auf-Sehen erregende Rücknahme der eigenen Person dem Gefühl quälender Bedeutungslosigkeit zu entziehen.

Marianne Bösewicht, die Leidende

Einen sprechenden Ausdruck für diese Haltung sehe ich im Bild Cornelias »Marianne Bösewicht, die Leidende« (Bild 12). Bei einer ersten flüchtigen Betrachtung fällt hier im Gegensatz zu früheren Bildern Cornelias die sparsame Verwendung von Farben auf. Wir begegnen dem Grau als Farbe der Indifferenz. Es steht als Symbol für ein Gefühl, daß der Depressive kennt, nämlich nirgends gehalten oder verstanden zu sein, im Nichts der eigenen Verzweiflung zu leben. Ein in seiner Starre trostlos wirkendes Auge in hartem Blau, umschlossen von Braun, weist erneut auf die Problematik des Mädchens hin: Die leidvolle Schwierigkeit, die bedrohenden Augen des Mütterlichen in Schrecken und Starre auf sich gerichtet zu wissen, verstärkt die Identitätsproblematik des Kindes von einer

71

anderen Seite und läßt nun auch den Aspekt trostloser Verzweiflung spüren, der in diesem untergründigen Zwang, sich selber untreu zu werden, liegt. Der violette Mund, eigentlich Symbol emotionaler Wärme, Möglichkeit, innerste Gefühle über das Medium Sprache darzustellen, ist zusammengepreßt, als dürfe kein Schrei der Verzweiflung, der Trauer und vielleicht der Angst hörbar werden. In der bedrohlich spitzen Brustwarze, die fast schon wie eine Waffe zum Angriff gerüstet erscheint, wiederholt sich nochmals die violette Farbe in einer helleren Schattierung. Es scheint so, als würde sich mit der zutiefst im Unbewußten liegenden Depressivität des Mädchens und ihrer zunehmenden Bewußtwerdung bei allem Leid und aller Gefahr doch die Möglichkeit einer Wandlung und einer Neuerfahrung konstellieren. Violett in seiner Kombination von roten und blauen Farbanteilen ist hier vielleicht auch Symbol für die Versöhnung feindselig erlebter männlicher und weiblicher Aspekte auf höherer Ebene, was eine neue Einstellung zum eigenen Ich gewährleisten könnte.

Das gewisse Pathos dieses Bildes erweckte Aufsehen in der Gruppe – das dramatische Leiden gewann Bedeutung und veranlaßte die Gruppe in einem gemeinsamen leidvollen Prozeß negative Früherfahrungen neu zu beleben. In diesem Zusammenhang wurden innerhalb der Gruppe intensive Wünsche nach symbiotischer Verschmelzung, nach absoluter Geborgenheit und Nähe reaktiviert und gleichzeitig in der Konfrontation mit der Realität der therapeutischen Möglichkeiten einer Gruppe enttäuscht.

In dieser Wiederholung traumatischer Erfahrungen konnte auch der destruktive Aspekt der Depressivität wiederbelebt werden. In der narzißtischen Wut über die für die Gruppe ungenügende Integrität der Therapeutin, die den riesigen Erwartungshaltungen und Wünschen in keiner Weise genügen konnte, gelang es der Gruppe, sich in ein seelisches Gleichgewicht einzupendeln und zu lernen, das eigene Sein als Richtig-Sein zunehmend zu verstehen, ohne in der Eigenbewertung eine Bedürfnisbefriedigung zum alleinigen Maßstab zu machen.

Die Abwehr quälender Hilflosigkeit

Ein bezeichnendes Abbild gerade dieses Prozesses, im Rahmen des
Mobilisierens von Enttäuschungswut aktive Kräfte zu wecken,
entstand bei Harry. Er betitelte sein Werk mit »Hypnotiseur Carlo
von Bösewicht oder der Traurige« (Bild 13).
Er meinte hierzu, er habe zunächst etwas von mir darstellen wollen,
so wie er mich erlebe, aber dann sei plötzlich etwas anderes daraus
geworden, und darum habe er den Titel erweitern müssen.
Aus dem Bild spricht ein großes Maß an Ambivalenz, was sich ja
bereits schon in der Überschrift andeutet. Wir erleben zunächst
eine Figur, der hypnotisch-magische Kräfte zugesprochen werden,
die Harry anfänglich verbindet mit meiner Wirksamkeit, das heißt
also, daß er zunächst eine Figur aus dem mütterlichen Bereich mit
mächtigen, magischen, faszinierenden Qualitäten darstellen möchte,
denen gegenüber er sich im Grunde hilflos fühlen muß.
Im Verlauf des Malgeschehens wandelt sich das Gesamte. Zunächst
entsteht ein Mann, was ich verstehen möchte als Ausdruck einer
neuen Bewußtseinsstufe, vielleicht darüberhinaus auch als eine sich
andeutende Lösung des Jungen aus dem mütterlichen Bereich.
Harry betitelt seinen Helden als Carlo, ein Name, der Stärke
symbolisiert. Zudem fällt ihm assoziativ Karl der Große ein, ein
Kaiser, der Herrscher war über ein Großreich, das später auseinan-
derfiel, eines Herrschers, der gleichzeitig in sich tatsächlich kaiserli-
che, aber auf der anderen Seite auch brutale Eigenschaften verei-
nigte. Es dürfte sich also in der Darstellung symbolisch um eine
große Figur handeln, die das Gesamte des möglichen Universums
im Tun und Sein umschließt. In den magischen Qualitäten, die die
Augen ausstrahlen, wird ein großes Maß an Faszination spürbar,
d. h. daß das Ich, das sich aus diesem magischen Bannkreis lösen
möchte, noch sehr klein und schwach sein muß, wenn es Stärke des
anderen in dieser Art erlebt.
Die andere Seite des Bildes ist die intensive Empfindung der Traurigkeit. Harry konnte in diesem Zusammenhang deutlich machen,
wie sehr er litt an der Verzweiflung darüber, daß auch die Therapie
ihm nicht vermitteln konnte, was er zu Hause auf Grund der

geschiedenen Ehe entbehrte, nämlich absolute Wärme, Sicherheit, Geborgenheit und Gehaltensein. Er formulierte seine Wut über mich als unvollkommene Therapeutin und die Gruppe in ihrer ungenügenden Hilfsfunktion mit folgenden Worten: »Ich muß doch alles allein machen, Sie machen es sich bequem und lassen mich hängen.« Diese im Bild dargestellte und über lange Strecken von der ganzen Gruppe gelebte Traurigkeit hat darüber hinaus aber auch etwas mit einem Bewußtwerdungsprozeß zu tun, der um den Verlust des Paradieses weiß, eines Paradieses als Symbol ungestörter symbiotischer Einheit, das von den Kindern zwar nur sehr unvollkommen im Rahmen ihrer eigenen Geschichte erlebt wurde, das sie sich aber immer noch phantasieren und damit von Hoffnung und Sehnsucht leben konnten. Durch die Therapie wurde ihnen diese Illusion, wenn auch sehr vorsichtig, aber letztlich endgültig zerstört, und sie mußten sich mit der Realität ihrer Umwelt und den subjektiven Mangelerlebnissen abfinden. Wie tief die Traurigkeit sitzt, die wohl vor allem der Enttäuschung an den bergenden, mütterlichen Qualitäten gilt, könnte auch der Text zum Bild unterstreichen, bei dem die zweite Überschrift, »der Traurige« in braunem Farbton gehalten ist.

Gehen wir auf Einzelheiten des Bildes ein, beeindruckt zunächst die differenziert ausgestaltete und damit im Vordergrund stehende Kopfpartie mit den geheimnisvoll bunten Augen. Wie schon in früheren Bildern der Gruppe kommt den Augen auch in diesem Bild entscheidende Aussagekraft zu. Sie sagen ja Wesentliches über die Grundbefindlichkeit des Menschen aus und dürften in dieser Abbildung sehr eindeutige Hinweise geben auf den psychischen Nachreifungsprozeß des Jungen.

Farbsymbolisch deutet sich eine gewisse Balance zwischen »männlichen« und »weiblichen« Farben an, vielleicht ein progressiver Zug, der für die Zukunft eine gleichwertige Integration männlicher und weiblicher Anteile verspricht und damit Hinweis sein könnte auf die Entwicklung einer harmonischen Gesamtpersönlichkeit in einer Versöhnung der Gegensätze.

Interessant erscheint mir die runde Farbkomposition in der Mitte des Hutes, ein Gebilde, daß einem dritten Auge sehr ähnlich ist. Das Blau wird im Sinne einer umschließenden, umhüllenden Funktion dieses Auges benutzt; damit könnten bergende, positive Kräfte des Weiblichen ebensosehr symbolisiert sein, als die Bewußtwerdung eines neuen geistigen Prinzips, das auch durch die Existenz dieses dritten Auges an sich unterstrichen wird.

Dem Auge auf der Stirn wurde von jeher besondere Bedeutung beigemessen. Es symbolisiert Sehen in einer weiteren Dimension und wird häufig mit übersinnlichen Fähigkeiten in Verbindung gebracht. Auch das Auge Gottes in alten Bildern innerhalb eines Dreiecks, stellt eine Parallele dar und betont die in der Dreiheit liegende neue Dimension eines göttlich-geistigen Prinzips. Zwischen dem umgebenden Blau und dem grünen Kern des Auges besteht eine innere Korrespondenz im Sinne eines ergänzenden Prinzips, das die dynamischen Qualitäten von rot und gelb zwischen sich ruhen lassen kann. Aktive Ausstrahlung und ruhendes, gleichzeitig über sich hinausweisendes Zurückgenommensein vereinigen sich in einem Symbol und lassen die Möglichkeit zur beziehungsreichen Vereinigung ahnen. Trotzdem unterstreichen die Augen den Eindruck des Traurigen; wohl deshalb, weil Harry nur über die Erfahrung eigener Depressivität und Verzweiflung neue fruchtbare Kräfte in sich mobilisieren konnte, die ihn zu einer Neueinstellung und zu einem positiven Lebensbezug führten. Wenn wir der Blickrichtung der Augen folgen, so sind sie auf einen Punkt im rechten Bereich gerichtet, das heißt wohl, daß für eine Ausgeglichenheit der inneren Konfliktsituation notwendig ist, ein Stück von der Illusion der Kindheit von Wünschen nach Geborgenheit aufzugeben und es zu wagen, die Realität, so wie sie ist, anzuschauen. Das bedeutet, über die Enttäuschung heraus eine Möglichkeit mit Hilfe wachsender Ich-Stärke zu erfahren, die wagt in einem »Dennoch« zu leben und sich lösen kann von den infantilen Paradieseswünschen, die jedoch gleichzeitig Passivität und Gebundenheit bedeuten.

Wenden wir uns dem Körper der dargestellten Figur zu, so fällt auf, daß im Mittelpunkt die Zweiteilung steht, die demonstriert wird durch die sieben schwarzen Knöpfe. Die 7 galt von jeher als heilige Zahl. Sie symbolisiert Fülle und ist ihrem Wesen nach unteilbar. Ihr Ganzheitsaspekt resultiert aus der Verbindung von 3 und 4 und bedeutet damit ein Symbol umfassender Welterfahrung, des Universums schlechthin. Knöpfe sind Möglichkeit etwas zu schließen, im übertragenen Sinn auch, sich zu verschließen, ein »zugeknöpftes« Wesen und Verhalten an den Tag zu legen. Gleichzeitig möchte ich aus der Zeichnung aber auch den Appell, das Bedürfnis nach Öffnung ablesen, einer Öffnung hin zur Emotionalität, um damit zur inneren Ganzheit zu finden. Die schwarze Farbe der Knöpfe unterstreicht erneut, daß eine Öffnung des Herzens nur über ein Wahrnehmen, eine intensive Auseinandersetzung mit Leid und Traurigkeit möglich ist. Diese Tatsache gewinnt für Harry besondere Bedeutung, weil er in einer einseitigen Entwicklung seiner fröhlichen, unbekümmerten Fassadenhaltung depressive Persönlichkeitsanteile weitgehend überspielte, die in der Verdrängung zur Ursache für seine Symptome wurden, und daß er nur über eine Konfrontation mit der Depressivität zu positiven Entwicklungsmöglichkeiten findet. Damit würde sich erneut bestätigen, daß nur in der Ganzheit und bewußten Verbindung positiver und negativer Gefühle sich eine Wandlung vollziehen kann, die für Harry speziell eine Gleichgewichtigkeit von Kopf und Herz bedeuten könnte. In diesem Zusammenhang erscheint mir als verbindendes Element einmal die schwarze Krempe des Hutes wesentlich und zum anderen der fallende Tropfen auf der linken Seite. Dieser Tropfen, der die Parallele zu Tränen nahelegt, könnte in seiner Richtung und Verlängerung zum Herzen hin anzeigen, daß erst über ein Stück real erlebter Traurigkeit im Weinen sich die neue Erfahrung einer tieferen und echten gefühlsmäßigen Ansprechbarkeit entwickeln kann. Einen weiteren Hinweis auf die vom Unbewußten anvisierte Möglichkeit einer Versöhnung der Gegensätze möchte ich in der Betonung der Kragenpartie sehen. Auch hier haben wir die Kombination von »weiblichen« grünen und »männlichen« gelben Farben im Rahmen einer Einheit. Hier wiederholt sich eine bereits an den Augen ablesbare Parallele und wird durch diese Doppelung und Verstärkung in ihrer Aussage unterstrichen. Die Überleitung des Kragens zu den tragenden, noch nicht weiter ausgeführten Schultern kann vielleicht darauf hinweisen, daß das Gewicht einer Gleichwertigkeit von männlichen und weiblichen Anteilen allmählich vom Kind ertragen werden kann. In einer nicht spannungsfreien aber letztlich doch harmonischen Verbindung der Gegensätze erfährt Harry in der Therapie zunehmend Möglichkeiten, sich aus der ihn umklammernden ängstigenden und untergründig depressiven Dominanz des mütterlichen Bereiches zu lösen und die Kräfte des Männlichen als gleichwertige Macht zu erfahren, womit letztlich die Weichen für eine gesunde Identifikation mit dem männlichen Prinzip gestellt werden können.

Noch ein Stück tiefer als das gerade besprochene Bild des »Hypnotiseurs Bösewicht« führt uns das unmittelbar folgende Bild Harrys, das er »Der Enttäuschte von Bösewicht« nennt (Bild 14). Hier wird im Kopf des Enttäuschten schonungslos die Verzweiflung, die Hoffnungslosigkeit, die Trostlosigkeit eines Gefühls dargestellt, das sich nicht mehr gehalten und getragen weiß und fast wie in einem Schock etwas anzustarren scheint, was im tiefsten Sinn erschreckend, belastend ist. Die schöne Täuschung ist verschwunden, es bleibt der Enttäuschte, der die Realität seines Lebens, seiner Umwelt schonungslos enthüllt. Die Sonne, die mit ihrem breiten Strahlenglanz den Hintergrund bildet, könnte ein Stück Hoffnung auf eine leuchtende, umfassendere Zukunft darstellen, aber auch hier drückt sich, wie beim vorigen Bild die Notwendigkeit aus, die Trostlosigkeit der Fehlorientierung zunächst zu sehen, sich ihr zu stellen, und von da aus, von der zutiefst empfundenen Depressivität, zu einem neuen Gefühl, einer neuen Wahrnehmung eigener Identität in der Gegensatzspannung von hell und dunkel zu gelangen.

In der Betrachtung der bisherigen Bilder konnten wir erleben, daß es in der therapeutischen Arbeit eigentlich immer um die Auseinandersetzung mit extremen Gefühlspositionen geht. Es ist in gewisser Weise ein lebendiger Prozeß, der vergleichbar ist dem Pendelschlag einer Uhr, einem Wechsel von Pol zu Pol und dem Versuch, innerhalb dieser Polaritäten den eigenen Standpunkt zu finden bei gleichzeitiger notwendiger Konfrontation mit den äußersten Gegensätzen. Nur die Auseinandersetzung mit den konträren Empfindungen und Gefühlen ermöglicht das allmähliche Einpendeln, ermöglicht die Findung des eigenen Standortes und ein Akzeptieren der eigenen individuellen Persönlichkeit. So betrachtet hätte das Gegensatzpaar Sentimentalität/Aggressivität in der therapeutischen Arbeit den Sinn, daß die Kinder im gemeinsamen Entwicklungsprozeß sich auseinandersetzen, einmal mit dem sogenannten »Bösen« überbordender Gefühlshaftigkeit im illusionären oder depressivem Gewand, das echtes Erleben verhindert, auf der anderen Seite mit dem »Bösen« aggressiven Verhaltens, das uns im folgenden Abschnitt beschäftigen soll.

Das Böse in der Aggression als unechte Stärke

Heute wird aggressives Verhalten überwiegend mit einem Gehalt verbunden, der den Hauptakzent auf Destruktives, eine Objekte und Subjekte gefährdende Haltung legt.

Betrachten wir den Begriff etymologisch, sagt das lateinische Wort »aggredi« zunächst lediglich etwas aus über eine dynamische Kraft, die »an etwas herangeht«. Im Wortgebrauch ist noch etwas von diesem Sinngehalt spürbar, wenn wir z. B. davon sprechen »etwas in Angriff zu nehmen.«

Ich möchte bewußt auf eine Erörterung der vielfältigen Aggressionstheorien verzichten, sondern eher wiederum einen empirischen Standpunkt einnehmen.

Sehr wesentlich für das praktische Verständnis erscheint mir Ruth Cohns Ansatz, die in der Aggression eine ursprünglich aktive Kraft sieht, »ein tätiges zielgerichtetes Eingreifen in Vorgängen«. Nicht zwingend muß der Gehalt an Feindseligkeit und Destruktionsbedürfnis mit in dieser Kraft enthalten sein, selbst wenn man nicht so weit geht wie Erich Fromm, der den Begriff in eine gutartige und eine bösartige Kraft aufspaltet.

Nehmen wir das Aggressionsbedürfnis zunächst als wertneutrales, machtvolles Entladen emotionaler Spannungen, wird deutlich, daß es für die kindliche Entwicklung entscheidend ist, wie die Reaktion der Umwelt auf eine Manifestation dieser dynamischen Kraft aussieht. Eine negative Antwort im Sinne einer Abwertung des kindlichen Tuns, das das Kind pars pro toto als Erfahrung eigenen Unwerts verarbeitet, muß die Entwicklung eines Gefühls im Kind verstärken, daß hinter dieser vitalen Kraft und seinen Äußerungsformen etwas Wertloses, vielleicht sogar »Böses« steckt.

Diese Erfahrung könnte geprägt, zumindest unterstützt werden durch frustrierende frühkindliche Erfahrungen, im Sinne mangelnder Nähe, Wärme, Geborgenheit und bedingungslosem Angenommensein.

Aggressive Durchbruchsreaktionen haben immer Signalcharakter. Sie sind als Appell des Kindes an die Umwelt zu verstehen, als Bedürfnis Auf-Sehen zu erregen um wahrgenommen zu werden in seiner Besonderheit. Eine Verneinung der Legitimität dieser »aggressiven« Äußerungen und damit auch der dahinterliegenden aktiv-dynamischen Kraft muß dem Kind die Erfahrung der Unbilligkeit seines Anspruchs vermitteln. Sein So-Sein bedeutet mehr und mehr ein So-Nicht-Richtig-Sein, ein zunehmendes Wissen um ein vermeintliches »Böse-Sein« in allen vitalen, lebenserhaltenden Strebungen (»Das Dichten und Trachten des Menschen ist böse von Jugend auf.«) Um mit diesen zutiefst belastenden, den Eigenwert existentiell infrage stellenden Erfahrungen besser fertig zu werden, setzt der Vorgang der Verdrängung ein, der ebensosehr ein Unterdrücken des Wissens um die eigene »böse Identität«, als auch der »bösen« Qualitäten der Umwelt beinhaltet.

Gleichzeitig kommt es jedoch in Verbindung mit existentiellen Ängsten vor Liebesverlust aufgrund des eigenen Unwertes zu einem sich ständig steigernden aggressiven Druck, der häufig, gerade innerhalb der Familie zu explosiven Durchbruchsreaktionen führen kann. Diese, häufig streng geahndet, intensivieren das Gefühl eigener Minderwertigkeit, verstärken Scham und Schuldgefühle und bestätigen den Zweifel an der eigenen Integrität. Um der Unerträglichkeit dieses Wissens um den eigenen Unwert zu entfliehen, intensiviert sich der Prozeß der Unterdrückung und Verdrängung. Die aggressiven Bedürfnisse werden statt in eine reifende Persönlichkeit integriert zu werden, nicht entwickelt, abgespalten und entfalten wie alles, was in den Untergrund verdrängt wird, dort eine um ein Vielfaches gesteigerte Aktivität.

Eine weitere Belastung im Rahmen dieses psychischen Ringens um Echtheit stellt die Realsituation des familiären Umfeldes dar. Es besteht die Möglichkeit, daß das Kind mit seiner aggressiven Problematik zu einem Beauftragten für ungelebte Bedürfnisse eines Elternteils werden muß. Es empfindet diese unausgesprochene Delegation, reagiert mit einer Übernahme der Problematik und kann damit zu einer bedeutsamen Entlastung für die Eltern werden. Ungelebte Wünsche und Bedürfnisse eines oder beider Elternteile werden auf diese Weise durch das Kind realisiert, von den Eltern vordergründig beklagt, bestraft, unbewußt gefördert und unterstützt. Damit gerät das Kind in eine ihm weitgehend unbewußte Pflichtenkollision und kann diesen Teufelskreis nur dann ein Stückweit durchbrechen, wenn es sich immer weitgehender mit seinem tatsächlichen Bösesein identifiziert und sich dementsprechend auch verhält.

Ein Aspekt der positiven Wirksamkeit einer therapeutischen Gruppe liegt in der Möglichkeit, in diesem negativen Ablauf eine Zäsur dadurch anzubringen, daß Manifestationen dieses »Böseseins« ermöglicht werden und sich damit eine Verarbeitung dahingehend anbietet, daß auch positive Aspekte der Aggressionen deutlich werden können. In dem durch die Zeichnungen angeregten Prozeß einer bewußten Auseinandersetzung mit eigenem Tun und Sein, einer Auseinandersetzung, die primär nicht bewertet wird als gute oder schlechte Tat, gewinnt das Kind die Möglichkeit, Angst vor den anderen und Angst vor eigenen negativen, destruktiven Impulsen in den Blickpunkt zu bekommen und gleichzeitig neue Verhaltensmuster zu entwickeln. Es entstehen auf diese Weise positive Gruppenbezüge, die nicht basieren auf Angst, negativen Aggressionsformen und Schuld, sondern die allmählich einen Prozeß ermöglichen, sich und den anderen in seinen hellen und dunklen Seiten als seinen realen Gegebenheiten akzeptieren zu lernen.

Ein weiterer Gesichtspunkt dieser Konfrontation mit der Aggression in malerischer Weise ist die Chance, negative Impulse gegenüber der Primärfamilie kathartisch abzureagieren. Bezeichnend war in diesem Zusammenhang, daß immer wieder reale Parallelen zur eigenen Umwelt gezogen wurden, zu Mutter, Vater, Großeltern, Geschwistern. Die Erkenntnis, daß die Gesamtfamilie, projiziert im Rahmen der Gruppe, in diesem untergründigen Prozeß der Klärung des Bösen beteiligt war, führte zu einer Entlastung der Gesamtsituation auch außerhalb der Therapie. Tendenzen, Selbständigkeit zu entwickeln, Abhängigkeiten zu vermindern, Überansprüche zu relativieren, verringerten Angst und Schuld. Das

Abb. 18: Muskelprotz Bösewicht

Abb. 19: Baby Bösewicht

Abb. 20: Jugendlicher

Abb. 21: Opa Bösewicht

Kind, gebunden im Teufelskreis des Außer-Sich-Seins, weil es nicht bei sich sein durfte, erlaubt sich zunehmend die Suche nach dem inneren Gleichgewicht.

Die Flucht in die Provokation

Aggressives Verhalten muß sich nicht beschränken auf ein körperliches Demonstrieren von Macht und Stärke. Eindrucksvoll ist, wie sehr in zunehmendem Maße sich kompensatorische Demonstrationen scheinbarer Überlegenheit in den intellektuellen Bereich verlagern. Überanspruch hinsichtlich geistiger Wirkung, aggressives Gieren nach Brillanz, Wirkung, sind Zeichen unserer Zeit der Überbetonung geistiger-intellektueller Fähigkeiten auf Kosten einer in sich ruhenden, mit sich im Einklang schwingenden Gesamtpersönlichkeit.

Das aggressive Streben nach Wirkung als Kompensation von Unwertgefühlen

Das aggressive Streben nach Wirkung, um die Angst vor quälender Bedeutungslosigkeit zu bannen, ist am Bild Harrys, »Professor Bösewicht« (Bild 15), deutlich abzulesen. Wie maßlos der Anspruch an die eigenen geistigen Möglichkeiten ist, läßt der Untertitel ahnen: »Der 1., der Unübertroffene«.
Im Mittelpunkt des Bildes steht bezeichnenderweise der Kopf mit seiner mächtigen kahlen Stirn. Die Überwertigkeit des Denkens im Symbol der Stirn wird unterstrichen und gleichzeitig in ihrem subjektiv gefährlichen Aspekt betont durch die darüber liegende Kerze, die zwei gekreuzte Knochen und einen Totenkopf beleuchtet und damit symbolisch bereits das Bedrohliche dieser Extremsituation ausdrückt, vielleicht so verbalisierbar: »die tödliche Gefahr

der erleuchteten Gedanken«. Sicher ist dies einerseits zu verstehen als Demonstration seines Problems einer generellen Intellektualisierung der Gesamtpersönlichkeit, wobei diese Entwicklung natürlich durch eine anlagemäßig bedingte weit überdurchschnittliche Intelligenz verstärkt wurde. Übertragen wir dieses Moment zusätzlich auf die Therapiesituation, so könnte daraus deutlich werden, daß Angst und Gefahr erlebt wird im Hinblick auf Bewußtmachung (Erleuchtung), vielleicht gerade deshalb, weil Harrys persönliche Problematik ihm nur unter großen Schwierigkeiten erlaubte, Bewußtwerdung im Sinne eines Belebens seiner reichen Gefühlswelt zuzulassen. Der Aspekt des Scharfen, Destruktiven und Gefährlichen drückt sich auch in den schmalen Augen aus, die kalt und gefühllos auf ein fernes Ziel gerichtet sind, ein Ziel, das zentral intellektuelle Wirkung anvisiert. In diesem Zusammenhang erscheint mir die Farbsymbolik von Bedeutung.

Sie könnte helfen, das unter großer innerer Angst und Unruhe aufsteigende Emotionale besser zu verstehen. Das Grün des Pullovers, Symbol des Vegetativen, Wachsenden wird zart und blaß verwendet. Auch Harrys Beziehung zum Erdhaft-Mütterlichen war entsprechend seiner einseitigen intellektuellen Ausrichtung farb- und kraftlos.

Ein weiterer Aspekt der permanenten geistigen Überforderung, mit der er, vollständig identifiziert, die altersspezifische Kindlichkeit verrät, war ein Gefühl des Jungen, in ständig angespannter Aufmerksamkeit gewissermaßen auf der Flucht »allzeit bereit« sein zu müssen. Diese, im Symbol gesprochen, ständig abrufbare Potenz des Jungen wurde zu einer Belastung, die sich vielleicht auch in dem fordernden Zeigefinger der rechten Hand des Professors widerspiegeln könnte.

Die Situation eines psychischen Ungleichgewichtes erfuhr auch real durch die Tatsache der Trennung der Eltern noch eine Verschärfung, indem Harry immer wieder Partnerersatz sein mußte, während die Mutter ihrerseits im Schwanken zwischen den Notwendigkeiten, sowohl Weiblich-Mütterliches, als auch Männlich-Väterliches zu leben, sich in einer Überforderungssituation befand, aus der heraus sie dem Jungen keine innere Ausgewogenheit vorleben konnte.

Das aggressive Streben nach Erfolg als Kompensation von Isolation

Noch während Harry als Initiator der Auseinandersetzung mit dieser Dimension der Aggressivität sich intensiv seinem Bild widmete, nahm Markus, im Bedürfnis, den Konkurrenten zu übertreffen in einem noch höher geschraubten Machtanspruch, das gleiche Thema auf (Bild 16). Er ergänzte seinen Titel »Professor Bösewicht« mit den Worten, »der Eroberer der Welt«. Bereits an dieser Formulierung wird der Unterschied des überzogenen Anspruchs deutlich: Zielt Harrys Bild mehr auf die Wirkung intellektueller Überlegenheit als innerpsychisch erlebte (Über)forderung ab, richtet Markus sich mit seinem exzessiven Anspruch an die Welt. Beherrschender Erfolg ist das Ziel, ein Ziel, das von den schwarzen, feurigen Augen sehr genau anvisiert wird.

Diesem machtvollen Streben, das auf dem Hintergrund der Neigung des Körpers eher einem Getriebensein entspricht, wird alles andere untergeordnet.

Das Streben nach Weite, Überlegenheit, symbolisiert im Gelb des Kopfes und des phallischen Gefäßes in der rechten Hand, scheint den Jungen aus einer tragenden Sicherheit herauszuwerfen, ein Aspekt, der durch den dünnen, gelben Hals, der das Gewicht des Kopfes kaum zu tragen vermag, noch unterstrichen wird. Die Stirn, aus der zwar Blitze schießen, bleibt niedrig und unausgebildet; hier zeichnet sich nochmals sehr deutlich Markus' Problem ab: Die Flucht in den Erfolg um jeden Preis verhindert eine echte Beziehung und damit verbunden auch eine angemessene Auseinandersetzung. Ich kann meinem Gegenüber nur »die Stirn bieten«, wenn ich einen Standpunkt habe, beides fehlt Markus, wie sein »Professor Bösewicht« nachdrücklich demonstriert.

Die Kinnpartie als Sitz des Wollens und bewußten Strukturierens ist merkwürdig undifferenziert, wie verwischt –, Ausdruck der realen Gefahr des Jungen, sich von plötzlich durchschießenden Triebimpulsen überrollen zu lassen, sie auszuagieren in maßloser Sucht nach dem Gesehen-Werden in der Gruppe, so daß dieser Anspruch häufig zur chaotischen Groteske wurde. Die Gruppe reagierte mit Bedürfnissen der Abgrenzung, sie isolierte ihn, stieß ihn aus ihrer Gemeinschaft aus, eine Haltung, die gerade das zur Realität werden ließ, was Markus mit seinem Verhalten vermeiden wollte.

Die beiden Bilder verdeutlichen, in wie starkem Maße die beiden hochbegabten Jungen zu Antipoden in der Gruppe wurden, die in kopfloser Flucht vor Bedeutungslosigkeit in die tätliche oder verbale Aggression sprangen. Zunehmend trat allmählich der Versuch in den Vordergrund, sich mit Hilfe von intellektuellen Spitzfindigkeiten zu übertrumpfen und sich entsprechend der Abbildungen der »Professoren Bösewicht« in der Gier nach Wirkung und Erfolg zu übertreffen.

Wenn wir die beiden Bilder vom Gehalt her auf uns wirken lassen, so herrscht bei Harry ein eher statisches Element vor. Er, als gewinnendes, begabtes Einzelkind erfuhr viel Anerkennung und Bewunderung, die jedoch sowohl in ihrer Instabilität als auch in ihrer Forderung nach Gegenleistung ängstigend wirken mußte. Er entwickelte das zwanghafte Bedürfnis (noch) unübertroffen sein zu müssen, was verständlicherweise ein ungeheures Maß von Anstrengung verlangte, um diesen selbst geforderten Gipfelpunkt täglich neu zu behaupten und zu verteidigen. Wir können an diesem Bild ein angstgetöntes täglich neu infrage gestelltes Bewahren von Überlegenheit ablesen, ein Thema, das im Märchen »Schneewittchen« von der Stiefmutter gelebt wird.

Die bedrohliche und bedrohende Realität des »Professors Bösewicht« von Harry wird jedoch zu einem Teil ausgeglichen durch die Kerze und die dahinter sich verbergende Symbolik: In der Kerze, der Verbindung von Wachs und Licht, deren Entzünden Wärme und Helligkeit verbreitet, begegnen wir wiederum einem gegensatzvereinigenden Symbol: Materie und Feuer werden zum Träger des Lichtes. Fackeln und Kerzen waren von jeher wichtige Begleiter religiöser Kulthandlungen, z. B. bei den Etruskern und Römern. Auch das Christentum verbindet mit dem Licht der Kerze Qualitäten des Heils und damit die Vermittlung neuer Geistigkeit. Hier deuten sich in der Entwicklung Harrys neue Möglichkeiten an, die, einseitige Intellektualität relativierend, Geistigkeit in der Verbindung mit emotionalen Kräften des Gemüts zu einer neuen Mitte des Erlebens machen.

Im Gegensatz zu Harrys insgesamt eher einen zentroversierenden Gehalt ausstrahlenden Bildes atmet Markus Darstellung Dynamik und aggressive Durchschlagskraft, was auch in der bestimmenden Farbwahl von rot und gelb zum Ausdruck kommt.

Hinter einseitiger Demonstration scheinbarer Stärke verbirgt sich jedoch Kraftlosigkeit, was auch die zarte Hand verrät. Der »Eroberer der Welt« ist ein Getriebener, der Halt sucht in großen Aktionen, die jedoch im Grunde Abwehrcharakter haben. Markus war tatsächlich ein Kind, das mit Hilfe von Schwindeleien und irrealen Größenphantasien in einem verzweifelten Kraftakt Gefühle der Unterlegenheit leugnete, Empfindungen, die vor allem auch die Beziehung zur Mutter charakterisierten.

Aus dieser Perspektive gewinnt das phallische Gebilde in der rechten Hand des »Professors« doppelte Bedeutung: Einmal ließe sich aus der Form das Bedürfnis, sich selbst, die eigene Männlichkeit in bewußten Griff zu bekommen, ablesen.

Auf der anderen Seite könnte es auch als bauchige Flasche, als Gefäß verstanden werden, das stellvertretend für mütterliche Anteile steht, die der Junge überwinden muß, um zu sich selbst zu finden.

Ein ähnlicher Gehalt prägt in überzeugender Parallele das Märchen aus 1001 Nacht »Der Fischer und der Geist«: Ein übermächtiger, destruktiver Geist entweicht zunächst als dampfender Nebel, der zunehmend menschliche Gestalt annimmt, einer Flasche; ein Geist, der das Männliche in Gestalt des Fischers zu vernichten droht. Mit dem Überlisten dieses Wesens beginnt die Erlösungstat als zentrales Motiv des Märchens, die Befreiung eines Prinzen, der verzaubert, bezaubert unter der Dominanz des hexenhaft Weiblichen steht.

Auf diese Weise zeichnet Markus seinen Weg, der zum Ziel nicht flüchtige Demonstration mächtigen Scheins, sondern reales Sein im Erfahren seiner eigenen ihm zugehörigen Männlichkeit hat.

Die Gruppe erlebte diese Darstellungen exzessiven Macht- und Geltungsrausches zunächst mit sehr ambivalenten Gefühlen, wurden doch darin auch eigene Wünsche und Bedürfnisse angesprochen. Im gemeinsamen Erleben und Bearbeiten erfuhren die Kinder jedoch die Legitimität dieser ausufernden Ausdrucksformen als Instrument, den jedem Einzelnen entsprechenden Mittelweg zu suchen.

Unterstützend in diesem allmählichen Heilungsprozeß war die Möglichkeit, sich in der Echtheit des Wahrgenommenseins untereinander und in der therapeutischen Beziehung mehr und mehr des eigenen Wertes bewußt zu werden, eine Erkenntnis, die sich erst allmählich herausbilden konnte und notwendigerweise noch manches Erproben extremer Einstellungs- und Verhaltensweisen durchstehen mußte.

Umschwung zur Zügellosigkeit – die hohle Herrschsucht

Ich möchte jetzt zwei weitere Bilder in den Mittelpunkt stellen, die den maßlosen Anspruch so überzogen darstellten, daß die ganze Gruppe sehr einmütig die hinter den Zeichnungen stehende Anmaßung als getarnte innere Leere empfand.

»Prinz Friedrich III Bösewicht«

Das erste Bild wurde von Bettina gemalt (Bild 17). Sie bezeichnete es mit »Prinz Friedrich III Bösewicht« und schrieb zentral dazu »3 Tage alt und beherrscht ein ganzes Reich«. Bezeichnenderweise werden das Reich und die Menschen lediglich als schwarze Kreise dargestellt, über denen der junge Prinz thront. Die Menschen werden aus der Perspektive des mächtigen Babys entwertet, entmachtet, zu leeren Hüllen, statt zu antwortenden Partnern. Hier wiederholt sich ein Thema des Kindes als Ausdruck frühkindlicher Erfahrung: Die Fassade wiegt mehr als der tragende Gehalt. Das Gegenüber wird zum hohlen Objekt überbordender Herrschsucht, partnerschaftliches Sich-Geltenlassen ist aus dieser Perspektive für Regent und Regierte nicht möglich.

Das Baby sitzt nun interessanterweise in einem Baum, nur die Spitzen der schwarzen Krone und ein Teil des rechten Armes ragen aus dem Geäst. Wenn wir die embryonale Gestalt des Prinzen hinzunehmen, ergibt sich ein Zustand weitgehenden »Ungeborenseins«. Im Geäst eines grünen Baumes sitzen, könnte bedeuten, sich noch weitgehend im Bereich des Mütterlich-Vegetativen mit seiner Ichidentität zu befinden.

Parallelen für dieses Stadium innerer Entwicklung finden sich im Märchen vom »Marienkind« (KHM): Das unbekleidete, in ihrer weiblichen Identität noch ungeborene Mädchen muß vom Königssohn entdeckt werden, um sich in seiner Leiblichkeit und damit verbundenen Weiblichkeit zu erfahren. In diesem Märchen schwingt auch leitmotivisch das Thema Schuld mit, einer Schuld, die mit Neugier, dem Streben nach Wissen und Erkenntnis verbunden ist, und die einen damit zwangsläufig aus der paradiesischen Einheit mit dem Mütterlichen stößt.

Die schwarzen, lockigen Haare des Babys – das Mädchen hatte selbst einen Lockenkopf, den sie nicht akzeptieren konnte – die großen schwarzen, traurigen Augen, der übergroße, undifferenzierte Mund, stehen in deutlichem Kontrast zum roten Körper. Die aggressiven Stauungen einerseits wie auch die Fehlidentifikation auf der anderen Seite lassen sich aus der symbolischen Bedeutung der roten Farbe ableiten. Im Rot erleben wir vitale Kraft, vegetative Erregungshöhe. Rot ist Impuls, vitaler Eroberungswille und Potenz, Rot bedeutet Antrieb zu motorischem Tun. Von diesem Gehalt her wird die Farbe überwiegend dem männlichen Bereich zugeordnet. Gehen wir noch einen Schritt weiter und assoziieren mit dem dunklen Rot den Purpur als Ausdruck der Königswürde, so verstehen wir noch besser, in welchen narzißtischen Machtphantasien sich das Kind kompensatorisch zu seiner kläglichen Realität bewegen muß.

Ein Stück dieser Hilflosigkeit innerhalb aller Königsmacht und -würde läßt sich an der blassen Krone ablesen, mehr Dornenkrone als prunktvolles Machtsymbol?

»Muskelprotz Bösewicht«

Belegte das Bild »Prinz Friedrich III« mehr Ohnmacht als Macht, muß der verstärkte Anspruch im nächsten Bild, ausgetragen auf körperlicher Ebene, als weitere Verleugnung leidvoller Unterlegenheit in Ungeborgenheit und Alleinsein verstanden werden (Bild 18).

Markus malte an diesem Bild des »Muskelprotz Bösewicht« mit Ausdauer und spürbarer innerer Beteiligung. Überlassen wir uns zunächst dem Gesamteindruck des Bildes, so fällt die ungeheure Betonung des Oberkörpers einerseits und der Waden andererseits auf. Fast karrikaturhaft verkleinert sind dagegen Hals und Kopf, Gesäß und Geschlechtspartie, sowie die Oberschenkel. Es ist naheliegend, der Überbetonung den angstgetönten Abwehrcharakter abzuspüren. Ängste vor männlicher Identität, eine angespannte, schuldhaft erlebte Bindung an die Mutter waren zum Zeitpunkt der Darstellung Mittelpunkt der therapeutischen Arbeit.

Aufschlußreich erscheint mir zunächst die Form des Kopfes. Sie könnte Hilfe sein zur Entschlüsselung der innerpsychischen Konfliktsituation. Im Grunde handelt es sich um einen Janus-Kopf, ein Gesicht, das nach zwei Seiten orientiert ist. Nehmen wir die eigentliche Kopfform, die innen durch die Haare begrenzt ist, erleben wir eine gewaltige Nase, das Auge kann sowohl nach rechts als auch nach links gerichtet sein. Auf der rechten Seite fehlt der Mund, auf der anderen Seite sieht man zusammengebissene Zähne. Es bietet sich die Interpretation an, daß beide Eltern doppelte Bedürfnisse an das Kind delegieren, einmal den schweigenden Vermittler, zum anderen den Prellbock einer mißglückten Partnerbeziehung. Die fliehende Stirn und ein zumindest links wenig ausgeprägtes Kinn dürften den Eindruck eines in der Entwicklung eigener Identität wenig eigenständigen Individuums unterstreichen. Groteske Übermächtigkeit verdeckt das Fehlen echter männlicher Eigenständigkeit. Angstgetöntes Insistieren in einen raumfüllenden Überlegenheitsanspruch kompensiert die Angst vor Bedeutungslosigkeit. Wenn wir einen genaueren Blick auf die Beine werfen, fällt auf, daß das linke Bein keine ausgeprägte Ferse hat, es endet im Grunde fast in einem Klumpfuß. Da es sich bei diesem Kind um einen ungewöhnlich differenzierten, künstlerisch hochbegabten Jungen handelt, ist zeichnerisches Ungeschick nicht die Ursache dieses »Fehlers«, vielmehr könnte damit zweierlei ausgesagt werden: Einmal ließe sich daraus in Anlehnung an das mythologische Bild der Achillesferse ablesen, daß dieses Kind hochgradig

sensibel, empfindsam, aber auch verletzbar ist und den therapeutischen Prozeß u. a. auch äußerst bedrohlich erlebt, gleichzeitig aber
im Sinne einer angstgetönten Abwehrhaltung die eigene Verletzbar-
keit negiert, indem die verletzbare Ferse verdeckt wird. Auf der
anderen Seite stellt sich die Frage, ob nicht Markus mit diesem
Wesen ein Abbild des »Bösen« im Sinne des Teuflischen schlechthin
darstellt, denn der Teufel wird ja in der Regel mit einem Klumpfuß
ausgestattet. Es könnte die Phantasie naheliegen, daß dieses Kind
sich selbst bereits identifiziert hat mit dem absoluten »Bösen« und
damit die demonstrierte Kraft in den geballten Fäusten zu einem
Stück hilfloser Wut werden könnte gegenüber Erlebnisinhalten.
Dieser wütende Anspruch, in der Gruppe häufig gelebt, endete
zumeist in einer Bumerangbewegung: Markus wurde zum
»schwarzen Schaf«, um damit, weit entfernt vom Ziel des Mächtig-
sten, wiederum mit Isolation und Wertlosigkeit konfrontiert zu
sein.
Aus der Sicht der analytischen Psychologie ist es in jedem therapeutischen Prozeß wesentlich, immer auch den positiv progressiven
Aspekt einer symbolischen Darstellung wahrzunehmen. So möchte
ich meinen, daß in der linken geballten Faust eine deutlich wahr-
nehmbare Stärke, ein Gewicht liegt, begleitet von 6 Blitzen, die
den Schluß nahelegen, daß Markus über eine Integration seiner
bubenhaften Männlichkeit, die als Reifungsprozeß aus dem Unbewußten verstanden werden muß, zu sich selbst kommen kann.
Dieser positive Aspekt wird unterstrichen durch die Dominanz der
gelben Farbe, die als Attribut der Weite, des positiv Männlichen,
eine bereits potentiell wahrgenommene Möglichkeit, Männlichkeit
zur inneren Realität heranwachsen zu lassen, versinnbildlichen
könnte.
Aggressive Bedürfnisse in ihren vielfältigen Darstellungsformen
werden für den Einzelnen um so bedrohlicher, je mehr sie sich
verselbständigen, je stärker das Ich von ihnen beherrscht wird. Der
quälende Überanspruch gewinnt Ausschließlichkeitscharakter,
komplexbesetztes Erleben wird autonom und bindet im drangvol-
len Streben nach Verwirklichung alle progressiven Kräfte.

Cornelia war die erste, die diesen Pol überbordender Aggressivität, die Anmaßung im Absolutheitsstreben nach Macht in ihrem Bild vom »Baby Bösewicht« skizzierte (Bild 19).

Dieses Baby ähnelt in seiner Darstellung eher einem Preisboxer als einem hilflosen Wesen. Lediglich die sich in der Haltung der Arme ausdrückende Rücknahme expansiver Regungen weist auf die mühsam hinter der Aggressivität verborgene Hilflosigkeit und Unsicherheit hin. Das schwarze, schartige Küchenmesser, das die viel zu kleine rechte (handelnde) Hand umklammert, weist in den mütterlichen Raum. Das Messer ist mit seiner gezackten Schnittseite auf den übergroßen, gierigen, aber geschlossenen Mund gerichtet, ein Mund, der als unersättlich aufnehmendes Organ noch durch die Hamsterbacken des Babys in seiner beunruhigend erlebten Qualität verstärkt wird. Aus dieser Perspektive könnte das Messer bereits aggressive Strebungen symbolisieren, die aus Schuldgefühlen gegenüber diesem unersättlichen Anspruch in einer Verneinung gegen die eigene Person gerichtet sind. Parallel dazu versinnbildlicht das Küchenmesser aber auch einen drohenden Aspekt, Gefahr für die Umwelt in der Verwirklichung eines Machtstrebens, das mit der Rolle des Babys nur sehr vordergründig getarnt ist. Unterstrichen wird der bedrohliche Gesamteindruck von den kalten, schräg gestellten Augen, beschattet von spitzen schwarzen Augenbrauen, eine thematische Wiederholung des zackigen Messers und der kurzen schwarzen Haare, die ebenso wie das Kinn eine spitzig gefährliche Abgrenzung nach außen markieren.

Die linke Hand des Babys preßt eine Babyflasche gegen den Leib. Diese Geste unterstreicht den unbewußten abgewehrten Gegenpol der maßlos drohenden Aggressivität: Unsicherheit, Ungeborgenheit, Resonanzlosigkeit. Das Kleinkind muß die Flasche, Symbol des liebevollen Umsorgtwerdens und Genährtseins fest bei sich halten, um sich selbst das geben zu können, was ihm die Umwelt versagte. In diesem Zusammenhang ist wesentlich, daß Cornelia der eigenen Mutter gegenüber im Grunde eine mütterliche Rolle einnahm, daß sie diejenige glaubte sein zu müssen, die Verständnis für deren zahlreiche körperliche Beeinträchtigungen aufbrachte, was das Mädchen in seiner emotionalen Tragfähigkeit weit überforderte.

Die aggressiven Machtphantasien, die das Bild ausdrückt, wurden intensiviert durch die Enttäuschung in Bedürfnissen nach Verständnis und Umsorgtwerden. Die daraus sich entwickelten Schuldgefühle, ebenfalls verdrängt, mußten in der Neigung zu selbstschädigenden Handlungen verarbeitet werden. So wird verständlich, warum das Mädchen in besonderem Maße zu psychosomatischen Erkrankungen, speziell heftigen Kopf- und Bauchschmerzen neigte, Ausdruck für den frustrierenden Überanspruch einer Umwelt, der verinnerlicht zur eigenen Maßlosigkeit und emotionaler Verarmung führte. Aber auch hieraus kann sich ein großer Anspruch ableiten lassen, die Macht des Kranken und Hilflosen, eine Möglichkeit, die Cornelias Umwelt zwang, sich sekundär intensiv mit dem Kind zu beschäftigen und auf Grund der Symptomatik psychotherapeutische Hilfe in Anspruch zu nehmen.

Die im Vordergrund stehende Farbe Violett unterstreicht nochmals aus farbpsychologischer Perspektive die dargestellte Problematik. Violett als Mischfarbe von dynamischem Rot und in sich ruhendem Blau, ist die Farbe grenzüberschreitender Wandlung, eines Versuches Widersprüchliches zu vereinigen, neue Wege zu suchen. Hier liegt die neue Möglichkeit des Kindes verborgen, in einer Vereinigung von Gegensätzlichem aus der belastenden Verstrickung eines extremen Machtanspruchs aufgrund maßloser Wut und hilfloser Aggression herauszuwachsen in ein sensibles, einfühlsames Eingehen auf den anderen, ohne auf die notwendige Selbst-Behauptung zu verzichten.

In einer bewußtseinsnäheren Form wird das gleiche Thema antwortend von Harry aufgenommen und mit Hilfe seines Bildes, eines 14jährigen Jugendlichen, entsprechend seiner individuellen Gegebenheit variiert (Bild 20).

Messerschwingend und schwer bewaffnet trägt das Bild dieses Jugendlichen die Unterschrift »er hat viel gelehrt«; auf Grund eines Schreibfehlers heißt es aber gleichzeitig, »er hat viel gelernt«. Ich meine, daß hier sehr deutlich der Aspekt der Delegation der Aggressivität deutlich wird, die Harry in dieser schriftlichen Fehlleistung ausdrückt. Harry hatte in der unbewußten Wunschvorstellung der Mutter das Gesamt ihrer nicht gelebten aggressiven Anteile zu übernehmen, das vor allem die nicht vollzogene Auseinandersetzung und Ablösung von den Eltern beinhaltete, die in einer intensiven, äußerst ambivalenten Bindung die Tochter nicht loslassen konnten, während diese sich ihrerseits ihrer Haß- und Rachegedanken auf Grund der vordergründigen Fürsorglichkeit der Eltern nicht bewußt werden durfte.

In der Therapie Harrys, die durch Analysen beider Eltern in ihrer Wirksamkeit entscheidend unterstützt wurde, konnte Harry auch für die Eltern in manchem Lehrer sein, vor allem in bezug auf ein Akzeptierenkönnen negativer Gefühle. Hierin lag aber auch der Schlüssel zur Lösung infantiler Gebundenheit und für Harry gleichzeitig die Chance, sich in einer ihm entsprechenden gesunden Aggressivität aus überstarken Bindungen an beide Eltern zu lösen.

Wie sehr der Junge in der Bewältigung seiner Problematik noch im mütterlichen Bereich verhaftet ist, könnte sich in der Farbwahl der Kleidung seines Jugendlichen abzeichnen:

Der grünePullover und die brauneHose sind in ihrerFärbung dem mütterlichen Bereich zuzuordnen. Finden wir in der grünen Farbe wiederum symbolhaft das wachsende Prinzip, wie es sich in zentraler Form in der Natur darstellt, so wird damit der Aspekt der Fruchtbarkeit, des Werdens betont. Gleichzeitig liegt im verdunkelten Grün auch die Bedeutung einer gesunden Selbstbehauptung von Geltung und Selbstachtung, ein Aspekt, der dadurch unterstrichen wird, daß die Arme, als Organe ausführenden, wollenden Handelns, von diesem grünen Pullover bekleidet sind. In der aktiven Bewegung der Arme verstärkt sich nochmals dieser Gehalt, der Harry zu neuen Bereichen des aktiv ergreifenden Bewußtseins führen könnte. Im erdhaften Braun finden wir das Mütterliche in seiner bergenden Fruchtbarkeit und eine das Kreativ-Wachsende ermöglichende Kraft, gleichzeitig aber ist die Erde jener Schoß, der zwar einerseits Leben schenkt, aber auch Leben wiederum aufnimmt. Damit wird erneut eine intensive Befangenheit im mütterlichen Bereich betont. Unterstützt wird dieser Eindruck noch dadurch, daß der dargestellte Jugendliche noch wenig individuell differenziert erscheint, sondern weit eher archaisch-numinosen Charakter hat. Wahrscheinlich haben wir es in der Darstellung dieser Figur mit einer Entwicklungsstufe zu tun, die Neumann (Ursprungsgeschichte des Bewußtseins) als Stufe des Heldenkampfes beschreibt, einer Stufe, in der der Heranwachsende sich mit dem Mütterlichen auseinandersetzt, zwar noch weitgehend gefangen, gebunden ist, aber allmählich die Notwendigkeit der Auseinandersetzung, Trennung und Lösung vom Mütterlichen erfährt. Das Männliche muß sich in häufig dramatischer, überzogener Aggression eigener Stärke bewußt werden, um zu einer eigenen Individualität werden und männliche Identität zu gewinnen.

Hierzu gehört ein großes Maß an vitaler, dynamischer Kraft, die jedoch auf der Basis von Unsicherheit und Gefühlen der Minderwertigkeit kompensatorisch häufig ins Grenzenlose ausufert, eine Gefahr, die am Bild des Jugendlichen als subjektive Problematik Harrys deutlich ablesbar ist.

Ein ausgleichender Aspekt liegt im Auftreten des Feuers. Dieses Symbol ist außerordentlich vielschichtig, denn neben seinen läuternden, reinigenden, Fruchtbarkeit spendenden Kräften steht seine zerstörende, vernichtende Gewalt. Die Dualität einer göttlich-menschlichen Dimension des Feuers kommt in der Prometheus-Sage ebenso deutlich zum Ausdruck, wie der überhebliche menschliche Anspruch nach Gottähnlichkeit, der als Folge unmenschliche Qualen einer innerpsychischen Zerreißprobe in sich trägt. Feuerräder, wie sie aus der kreisförmigen Bewegung des Jugendlichen abzulesen sind – er steht gewissermaßen in der Trias eines feurigen Bannkreises – fanden in der germanischen Kultsprache Raum als Ausdruck für Kraft und Stärke. Die Nähe zum Sonnenrad, die Dreizahl als Symbol des geistigen Prinzips und damit einer positiven Männlichkeit, besteht zunächst wohl weniger als Realität, sondern als potentielle Möglichkeit. Für Harry war es zum damaligen Zeitpunkt noch nicht begreifbar, im weitesten Sinn »am Himmel stehend«. Erst im Erproben echter, lebbarer aggressiver Möglichkeiten, nicht in der Maßlosigkeit des Überanspruchs, kann sich eine Wandlung der bewußten Einstellung, und die damit verbundene Neuorientierung vollziehen.

Aggressives Streben nach Geltung in der Identifikation mit den Groß-Eltern als Kompensation von Gefühlen der Hilflosigkeit und Unterlegenheit

Dieser Ansatz Harrys, das Ringen um das eigene Sein in überzogener aggressiver Selbstbehauptung fand seine konsequente Fortsetzung im Bild des »Opa Bösewicht« (Bild 21).

Gefühle der Unterlegenheit, das Empfinden der Unbefriedigtheit im eigenen Sein zwingen zum Festhalten an phantasierter Stärke überhöhter Groß-Eltern, deren Macht und Überlegenheit bereits durch die altersmäßige Distanz gewährleistet zu sein scheint. Dieses Bedürfnis wird mit der Art der Darstellung Harrys noch unterstrichen: Wir erleben im »Opa Bösewicht« eine sehr alte, fast archaische Figur, die »sehr weise ist«.

Bereits C. G. Jung (Ges. Werke, Bd. 5) knüpfte Beziehungen zwischen Großeltern und Enkel. Er beschreibt den alten, weisen Mann als geistigen Vater des Helden »ein Archetyp des Geistes, der auch gleichzeitig Attribute des Sohnes mitbeinhaltet, so, wie wir es in der Parallele der göttlichen Dreieinigkeit wissen«.

Verschiedene Autoren, u. a. E. Jones, haben auf die intensiven Beziehungen zwischen der Großeltern- und Enkel-Generation hingewiesen. Hierbei steht der Wunsch des Enkels im Vordergrund, sich mit den Großeltern zu identifizieren. Dieser Identifikationsprozeß verknüpft sich mit Vorstellungen und Phantasien, mit zunehmendem Alter die Rollen umkehren zu können, zu Eltern der eigenen Eltern zu werden, eine Phantasie, die häufig mit der Neigung infantiler Eltern parallel läuft, in den Kindern die eigenen Elternfiguren wieder zu beleben (Namensgebung!). Damit muß der Status der Großeltern erstrebenswert sein.

Ein Enkel erlebt in seinem Großvater sowohl das archaische Bild von Macht und Stärke (– unsere Jugendlichen haben sich auch zwei Großväter als wesentliche Leitbilder gesucht, Marx und Freud!) – gleichzeitig bedeutet der Großvater jedoch auch das Bild des schwachen alten Mannes, auf das das Kind herabschaut. Damit übernimmt der Großvater sowohl die Rolle eines Ideals als auch eines möglichen Konkurrenten des Kindes. Die Stärke des »Großen

Vaters«, aber auch die Schwäche des Alten und Abhängigen werden zu einem komplexen Erscheinungsbild, das bis zu einem gewissen Grad in der Gestalt des von Harry dargestellten »Opa Bösewicht«, in den Aspekten des gnomenhaft Grotesken, der brutalen Mächtigkeit, aber auch in seiner überlegenen Geistigkeit (»er ist sehr alt und weise«) seinen Ausdruck findet.

Doch dieser letztgenannte Aspekt kann sich bei Harry nur erst symbolisch andeuten. Die Tatsache, daß Harry diesen alten, weisen Mann der Familie Bösewicht zuordnet, zeigt, wie ambivalent er das eigene Geschlecht, aber auch den Doppelaspekt von Macht und Unterlegenheit erlebt und wie sehr der positive Eindruck der Weisheit überschattet ist von den Attributen der Bosheit und Anmaßung.

Überlassen wir uns nochmals dem Gesamteindruck, so fällt die Haltung des Mannes auf. Während der linke Arm hochgestreckt ist in einer fast deutenden Gebärde, ist der rechte nach unten gerichtet, die Hand hält ein Messer. Es könnte sich darin ausdrücken eine zunehmend aktive und bewußte Konfrontation mit den Kräften des Unbewußten, d. h. des Mütterlichen, die sich im linken Bereich symbolisieren, während die rechte bewußte Einstellung zunehmend um eine Integration des männlich-aggressiven Prinzips, sich symbolisierend in dem Messer, ringt. Wenn wir die auffallend betonte Gürtellinie betrachten, so fällt die sich darin vollziehende Trennung zwischen Oben und Unten auf. Man könnte daraus schließen, daß die im Unten situierten archaischen Triebqualitäten noch sehr ängstigend erlebt werden. Der Gürtel wird gestaltet durch fünf Patronentaschen. Wenden wir uns der Zahlsymbolik zu, so erleben wir in der Zahl Fünf gleichgewichtig zwei Aspekte: Im alten China kam der Zahl »Fünf« heilige Bedeutung zu. Es gab fünf heilige Berge, fünf Himmelsplätze. Im Altertum bei den Griechen galt die Fünf als Zahl der Vollkommenheit wie wir sie vor allem im Symbol des Pentagramms überliefert erleben. Es ist die Zahl und Summe aller in der Welt vorhandenen Kräfte. Dies ist auch Erkenntnis des Mittelalters, das zu den vier Elementen Erde, Luft, Wasser, Feuer als fünftes und als Quintessenz noch den Äther als die das Leben treibende Kraft hinzufügten. Hier deutet sich eine Parallele an zu den Patronentaschen, die ja auch deutlich aufgeteilt sind in Vier und Eins, ebenso wie die Hand, die gestaltet wird durch vier parallel stehende Finger und den Daumen. Erst durch das Hinzufügen dieses Fünften, des Daumens, ist das Moment des Zupackens, der Aktivität gegeben.

Im Rahmen des magischen Abwehrzaubers – und hier wenden wir uns der eher negativen Bedeutungsseite der Zahl Fünf zu – spielt die Fünf eine bedeutsame Rolle.

Die ausgestreckte Hand vor den Augen soll schützen vor dem bösen Blick, legt also die Angstthematik nahe. Man wirft beim Wahrsagen fünf Brotkügelchen auf den Tisch, trägt gegen Hexen einen geweihten Strauß von fünf Kräutern bei sich, spuckt gegen Zahnschmerzen fünfmal in einen gelben Weidenstrauch, schlägt dann in eine Rute fünf Knoten. (A. Wuttke: Der deutsche Volksaberglaube der Gegenwart, 4. Auflg., Leipzig 1925).

Fassen wir die amplifizierte Symbolthematik zusammen, geht es immer, wenn die Zahl Fünf auftaucht, um ein Ausdifferenzieren, um die Entfaltung aktiver Möglichkeiten. Diese Kraft als positiv aggressive Potenz ist entscheidend, um sich mit dem Unbewußten auseinanderzusetzen, es zu bewältigen und sich gleichzeitig zu schützen vor dem Negativen, Hexenhaften, das immer wieder ein regressives Moment impliziert und einen Zuwachs an Eigenständigkeit, Individualität, Männlichkeit nicht zulassen kann. Die Patronentaschen sind rot gemalt und unterstreichen in der Farbsymbolik wiederum den männlichen Aspekt: Rot bedeutet vitale Kraft, ist Impuls, Eroberungswille und männliche Potenz von sexueller Triebkraft bis hin zu revolutionärer Umgestaltung. Die Farbe ist Symbol kraftvoller Männlichkeit, aufstrebender phallischer Möglichkeiten, im übertragenen Sinn auch beim Feuer als ein Entstehen geistiger Möglichkeiten. Diese im Rot sich andeutenden Entwicklungsmöglichkeiten und Neueinstellungen sind sicher insgesamt im Bild noch sehr unklar und bedürfen sehr der formenden und strukturgebenden inneren Kraft. Vielleicht könnte dieser Schritt zur Bewußtwerdung in der Pistole gesehen werden, die über der linken Schulter hängt.

Unter Umständen ließe sich darin ein Versuch Harrys sehen, die noch im Unbewußten weitgehend gefangene phallische Potenz herauszudifferenzieren und ins Bewußtsein zu heben. Unterstri-

Abb. 22: Oma Bösewicht

Abb. 23: Kato,
der Brecher

Abb. 24: Jugendlicher Mann-Frau

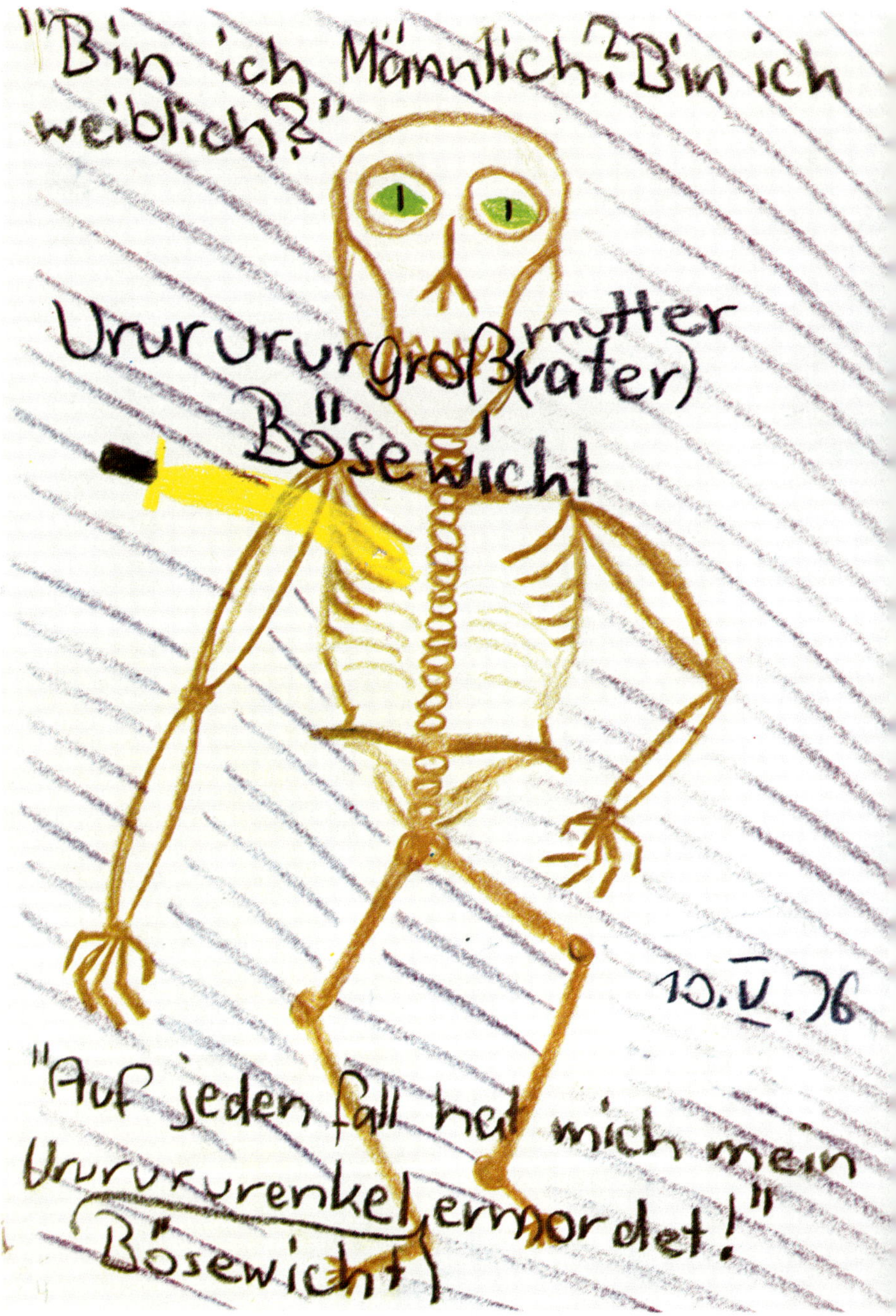

Abb. 25: Skelett Bösewicht

chen wird dieser Aspekt eines noch weitgehenden Gefangenseins der phallischen Möglichkeiten im mütterlichen Bereich, durch die braunrote Farbe; Männliches ist noch verwischt, gewissermaßen umhüllt vom Weiblichen und muß erst seine Eigenständigkeit und unverwechselbare Identität gewinnen.

Im Zusammenhang mit dem Thema der Manifestation individueller und kollektiver »böser Inhalte«, sich darstellend im Rahmen von Aggressivität und aggressiven Möglichkeiten, möchte ich nochmals betonen, daß sowohl Harry als auch die ganze Gruppe in diesem »Opa Bösewicht« fast ausschließlich nur den Ausdruck des »Bösen« und Gefährlichen wahrnahmen, vielleicht gerade deswegen, weil diese Gestalt in seiner Numinosität und archaischen Allmacht sehr ängstigend erlebt wurde, so daß die positiv prospektiven Aspekte noch nicht gesehen werden konnten. Das bedeutete für die konkrete Behandlungssituation, daß die ganze Gruppe noch weiter, noch tiefer im Sinne einer positiven Regression sich mit den Urbildern des Schreckens als Ausdruck innerer Maßlosigkeit auseinandersetzen mußte, die sie in negativer Identifikation als eigene Schuld, als eigenen Unwert erlebte.

Einen weiteren Schritt in diese Richtung unternahm Cornelia mit ihrem sehr spontan hingeworfenen Bild der »Oma Bösewicht« (Bild 22).

Diese Figur wurde von der Gruppe in gewisser Weise als Schlüsselfigur für das »Böse« der Aggressivität erlebt. In der Tatsache, daß zu diesem Zweck eine Figur der dritten Generation benutzt wurde, ähnlich bereits wie die des »Opa Bösewicht«, können wir zwei Tendenzen ablesen. Im Rahmen der negativen Grunderfahrungen, die die ganze Gruppe verband, dürfte die Oma als Groß-Mutter stellvertretend den Bereich des Weiblichen, Mütterlichen als negative subjektive Erfahrung darstellen, jedoch über diesen individuellen Gehalt hinaus gleichzeitig zu verstehen sein als Ausdruck der Konfrontation mit der negativen Seite des Archetyps der Großen Mutter in seinem schrecklichen und verschlingenden Aspekt, so, wie wir es vielfältig in der Mythologie dargestellt finden. Darüber hinaus sehe ich jedoch mit der Verschiebung der Problematik in die dritte Generation auch einen Abwehraspekt, der die bedrohliche Nähe der Aggressivität in ihrer demonstrativen Ungeheuerlichkeit weit von sich schieben muß, um die Chance zu haben über eine Projektion auf eine relativ ferne Figur zunächst noch einmal unbeschadet und unangetastet sich vor der Auseinandersetzung mit der eigenen Aggressivität schützen zu können.

Auch in diesem Bild begegnet uns die Zahl Fünf in den wild und aggressiv anmutenden Haarnadeln, die in ihrer chaotischen Anordnung nicht so sehr das Prinzip des Ordnenden, Zusammenfassenden symbolisieren, sondern eher eine Manifestation von Angst, Gefahr und Bedrohung beinhalten. Die Tatsache, daß dieser Symbolgehalt in Kopfnähe ist, zeigt, daß auch hier ein Kernproblem auf den oberen Bereich verschoben ist. Wenn wir die Haare und die Haarnadeln als Belastung, vielleicht Überlastung des Kopfes verstehen, so würde sich hier, diesmal als Problem Cornelias die überstarke und angstvolle Kopflastigkeit erneut darstellen, die gleichzeitig auf Grund der phallischen Symbolik der Haarnadeln Hinweis sein könnte auf eine Fehlidentifikation im Sinne einseitiger Intellektualität und damit verbundener Gefühlsferne.

Tatsächlich handelt es sich ja bei dem 12jährigen Mädchen um ein sehr intellektuelles Kind, das mit Hilfe der Ratio zutiefst beunruhigende Triebimpulse aus dem aggressiven und sexuellen Bereich abwehren muß und mit schneidendem Verstand und intellektuellen Argumenten Ängste und Beunruhigungen, die im Rahmen der Gruppenarbeit hochstiegen, abwehren und bagatellisieren mußte. Bezeichnend ist in diesem Zusammenhang die Symbolik des Symptoms: Kopfschmerzen.

Die aus dem Bild spürbare negative Beziehung zum Mütterlichen und die aggressiven Momente, die erfahren werden als eine subjektive Bedrohung, wurden von diesem Kind mit verstärkter Bindung gerade an dieses Mütterliche beantwortet. Hierbei standen regressive Momente im Vordergrund, die das Hineintreten in die weibliche Rolle erschwerten, wenn nicht gar unmöglich machen mußten. Dieser Aspekt der Beunruhigung durch den phallisch-aggressiven Akzent des Mütterlichen könnte durch die Pistole im rechten Bereich unterstrichen werden, die Hinweis auf die recht bewußtseinsnahe männliche Ausrichtung des Mädchens gibt. In der Betonung der Zahl Zwei sehe ich einen Ausdruck für die problematisch erlebte Zweierbeziehung, eine Zweierbeziehung, die ihr Grundmodell in der frühen Mutter-Kind-Beziehung hat. Die Kombination von zwei und sechs Patronenhülsen legt den Schluß einer hochexplosiven aber depressiv überdeckten Sexualisierung der Zweierbeziehung nahe mit der Möglichkeit und Gefahr, aus der ungelösten Mutterproblematik heraus eine Bereitschaft zu homoerotischer Bindung zu entwickeln.

Von der Farbsymbolik her fällt vor allem die Farbe Grau ins Gewicht, die besonders deutlich sich darstellt im Gewirr von Haaren und Augenbrauen, dem stoppeligen Bart, den Zähnen und dem Kleid. In seiner Unfarbigkeit spiegelt das Grau Erregungslosigkeit, Neutralität, ein Versuch, die Spannungslosigkeit künstlich aufrechtzuhalten, um einer Entscheidung, die eine ausgewogene Aggressivität voraussetzt, zu entgehen. Wenn wir dagegen die grünblau umrandeten Katzenaugen, den negativen blutroten Mund mit den heruntergezogenen Mundwinkeln auf uns wirken lassen, könnte man sich vorstellen, daß das gehäufte Grau eingesetzt werden muß, um mit bewußter Neutralität ungeheure innere Spannungen abzuwehren, Macht- und Geltungsstreben zu bremsen oder zu negieren. Wieviel Depression mit diesen Inhalten verbunden ist, läßt sich nicht nur aus der Wiederholung der Farbe Schwarz bei Haarnadeln und Patronenhülsen schließen, sondern auch aus der Überschrift herauslesen, die wie ein Durchstreichen des Bildes anmutet. »So alt und noch so verdorben« – ein Wort, das eigentlich jede Hoffnung auf Reifung und Weiterentwicklung aufgegeben hat. Älterwerden beinhaltet für Cornelia offenbar also nicht den Aspekt, die inneren »bösen« Seiten mit wachsendem Alter zu verarbeiten, in die eigene Person zu integrieren und in ihrem Bedeutungsgehalt zu wandeln. Daraus muß sich zwangsläufig eine regressive Ausrichtung des inneren Entwicklungsstroms ergeben, um die Enttäuschung an den nicht akzeptablen Vorbildern der älteren Generation zu verarbeiten. Cornelia befand sich während dieser Zeit – wenn wir »Oma Bösewicht« auch als Demonstration eigener Anteile verstehen – gewissermaßen in einer Sackgasse. Der Weg nach vorn in eine positiv erlebbare Weiblichkeit wird durch den sich durch die Erfahrung übermäßiger, bedrohlicher Groß-Mütterlichkeit konstellierenden negativen Archetyp der Großen Mutter verstellt, regressive Wünsche als Ausweichmanöver können aus Schuldangst nicht genügend zugelassen werden, so daß sich der angstgespeiste Triebdruck laufend erhöht und ausschließlich in maßlosen aggressiven Durchbrüchen vornehmlich dem jüngeren Bruder gegenüber, abgeführt werden muß.

Zusammenfassung

Ich habe versucht, in diesem Abschnitt zu zeigen, wie das »Böse« der Aggressivität für die Kinder einmal Abbild ist dessen, was sie im Draußen erfahren und was sie an den Objekten ihrer Umwelt und in der Übertragung auch innerhalb der Gruppe als beängstigend, gefährlich, erschreckend erleben. Darüber hinaus wollte ich zum anderen deutlich machen, daß von der Subjektstufe aus alle diese dargestellten Anteile zutiefst beunruhigende Bestandteile der eigenen kindlichen Persönlichkeit sind, die auf ihre Klärung, Bewältigung, Durcharbeitung warten, um in positiver Weise dem Bewußtsein als neue Kraft zugeführt zu werden.

Wenn wir nochmals im Verstehen der kraftvollen Bildersprache den Bereich des »Bösen« der Aggressivität überblicken, so wird spürbar, daß es ein Kraftfeld des Unbewußten ist, das dem Kind am unmittelbarsten zur Verfügung steht und vom Verdrängungspotential her am bewußtseinsnächsten ist; insofern wird auch verstehbar, warum die Kinder gerade die aggressive Thematik in solcher Vielfalt unterschiedlicher Bilder zur Darstellung brachten – die gezeigten Bilder bedeuten nur eine kleine Auswahl! Wichtig für die gemeinsame therapeutische Arbeit war, daß auf diese Serie die meisten emotionalen Reaktionen der Gruppe als Ganzes erfolgten. Die Kinder antworteten sehr unterschiedlich, teilweise mit Verstehen, aber auch mit Unsicherheit und Angst und dem Bedürfnis nach größerer Distanzierung.

In diesem dynamischen Prozeß der Auseinandersetzung mit dem Bereich der Aggressivität kommt dem technischen Vorgehen besondere Bedeutung zu:

Zunächst ging es darum, die dargestellten Inhalte sowohl als äußere als auch als innere Realität zu akzeptieren und die Bereitschaft des

Annehmens noch so erschreckender oder verwirrender Phänomene in der Gruppe lebendig zu erhalten. Empfanden die Kinder häufig aggressive Impulse zunächst als Realitäten der Umwelt, denen sie sich schutzlos ausgeliefert fühlten, war der weitere Schritt in der Bewußtwerdung besonders bedeutsam, der diese abgelehnten, ängstigenden Inhalte als eigene Tendenzen, Strebungen, Wünsche und Gegebenheiten entschleierte.

Parallel zu dieser Erkenntnis, sich selbst in eigenen aggressiven Bedürfnissen zu bejahen und gleichzeitig aus dem Extrem schrittweise zur eigenen Mitte zu finden, wuchs ein Stück größerer Toleranz im Hinblick auf den anderen in der Gruppe, eine sich vertiefende Fähigkeit, Einfühlung zu entwickeln, d. h. bei aller persönlichen Betroffenheit auch den anderen in seiner individuellen Problematik zu hören.

Dieses Ziel ließ sich jedoch nicht gradlinig erreichen, sondern die stufenweise Auseinandersetzung und Bewältigung der aggressiven Problematik bedeutete über einen längeren Zeitraum hinweg ein symbolisches Ein- und Ausatmen, Konfrontation und Distanzierung, kollektives Ausagieren und individuelle Stellungnahme. Einen wichtigen Stellenwert hatte in diesem Zusammenhang der Prozeß des kathartischen Abreagierens. Ich sah in den zahlreichen, z. T. auch tätlichen Auseinandersetzungen, in sich allmählich strukturierenden Ring- und Boxkämpfen eine Notwendigkeit, sich von massivem äußeren und inneren Druck zu befreien. Wichtig für die Kinder war, daß die überbordenden, gelegentlich maßlosen Durchbrüche von einem Erwachsenen ausgehalten wurden, daß seine Antwort nicht in Liebesentzug oder Isolation bestand.

Mit der sich stabilisierenden Sicherheit dieser positiven neuen Erfahrung, einer Belastbarkeit der Umwelt mit dem eigenen bösen Tun, konnten die wilden Gruppenkämpfe ein Stück abflauen. Gewissermaßen wie eine Neugeburt entwickelten sich zunehmend Fähigkeiten, Gefühle und Empfindungen zu verbalisieren, so daß Auseinandersetzungen allmählich weit stärker über das Wort ausgetragen werden konnten. Hierbei gelang es den einzelnen immer besser, ihre Gefühle der Gruppe verständlich zu machen und damit eine neue Gemeinsamkeit und Solidarität zu erfahren.

So erreichte die Gruppe stufenweise eine Ebene, die positive Möglichkeiten im geistigen Bereich fruchtbar machte und mit ihrer Hilfe eigene dunkle Seiten sich und dem anderen verständlich machen konnte. Dieser Prozeß konnte wiederum die Integration dieser Persönlichkeitsanteile in die bewußte Lebenseinstellung unterstützen.

Wandlung und Integration

Zu welcher symbolischen Aussage sich diese Entwicklung steigern kann, möchte ich mit einem Bild zeigen, das Harry etwa 1 Jahr später malte (Bild 23).
Ich meine, daß sich hier sehr deutlich der Wandlungsprozeß abzeichnet, der im eigenen Erleben, aber sicher auch in dem der Gruppe stattgefunden hat.
Harry nannte dieses Bild »Kato, der Brecher«. Verfolgen wir die energische Gebärde des dargestellten Mannes, so fällt die dynamische Kraft auf, mit der er die Mauer durchbricht, um ins Sonnenlicht vorzustoßen. Vielleicht mag es bedeuten, daß Harry in einer bewußten Annahme seiner aggressiven Möglichkeiten in ihrer schöpferischen Potenz bereits eine Umformung vollzog, dergestalt, daß die sich in der Aggressivität verbergenden eigeninitiativen Kräfte zum Tragen kommen konnten und der destruktive Aspekt im Rahmen dieses Wandlungsvorganges seine Schrecken verlor.
Harry konnte mit diesem Bild im Grunde sehr deutlich eigene Veränderungen demonstrieren. Er war aus einem überintellektuellen, passiven, fast ausschließlich auf die Umwelt reagierenden Jungen zu einem aktiven, selbstbewußten, selbständigen und im positiven Sinne kindlichen Bub geworden, der voller Ideen und Eigeninitiative steckte und sich in der Schule ohne Schwierigkeiten behaupten konnte.
Harrys Bild ist in seiner aktiven und dynamischen Bewegung ein Versuch, aus dem Dunklen, Umklammernden des Unbewußten, wie wir es in der linken Seite erleben, auszubrechen und seine phallische Potenz einzusetzen in einem dynamischen Vorwärtsgehen zur rechten Seite, zu einem neuen und geläuterten Bewußtsein. Mit einem kräftigen Tritt seines linken Beines vermag »Kato, der Brecher«, eine trennende Mauer zu durchstoßen. Es liegt nahe, daß

hier auch gemeint ist, die massive Trennung zwischen bewußt und unbewußt, zwischen intellektueller Einseitigkeit und gefühlsmäßiger Verarmung abzubauen. Es könnte sich im Bild Harrys die Erfahrung abzeichnen, daß die aktive, dynamische Kraft, wenn sie zielgerecht eingesetzt wird, entscheidend wirksam sein kann, um Teile zu verbinden, die eigentlich zusammengehören und nur künstlich getrennt waren.

Subjektstufig hat die Mauer für Harry sicherlich auch den Aspekt einer von ihm mühsam aufgebauten neurotischen Trennungslinie zwischen Teilen inneren Erlebens, die er für unvereinbar hielt. Diese unbewußte Barriere, die Einengung, Einschränkung, Festhalten in höhlenhafter Begrenztheit bedeutet und damit wiederum in einen ihn gefangenhaltenden mütterlichen Raum weist, gilt es zu durchbrechen, um hindurchzustoßen zur eigenen, männlichen Identität.

Dieser Versuch, zu einer neuen Erfahrung des Männlichen zu gelangen, wird unterstrichen durch den hellblauen Anzug Katos. Diese Farbe ist dem lichtvollen Blau des Himmels verwandt. Sie verkörpert Weite, Freiheit und Unabhängigkeit. Darüber hinaus weist die Farbe vielleicht auch als Ausdruck der Sehnsucht in weite noch unbekannte Räume, zu keimenden neuen Erfahrungen des eigenen Selbst, so wie wir es in der symbolischen Suche nach der »blauen Blume« der Romantik ausgedrückt finden.

Harry erlebte diesen bildhaft dargestellten Bewußtwerdungsprozeß selbst sehr spontan: Als ich sein Bild zunächst sehr nachdenklich betrachtete, meinte er ein klein wenig ironisch: »Ich weiß schon, was Sie denken – durch Nacht zum Licht!«

Es geht wohl in der Psychotherapie immer wieder um ein Herumirren in dunklen, begrenzten Räumen und es bleibt ein Stück Hilfe von oben, wenn der Weg nach außen dadurch gefunden werden kann, daß das Auge ein Stück Sehkraft entwickelt, um die Sonne wahrzunehmen.

Ist es nicht das gleiche, wenn Goethe sagt:

»Wär' nicht das Auge sonnenhaft,
die Sonne könnt' es nie erblicken,
läg' nicht in uns des Gottes eigne Kraft,
wie könnt' uns Göttliches entzücken?«

Katos Auge wird von Harry gelb gemalt, ein Gelb, das sein Äquivalent in der Sonne jenseits der Mauer hat. Damit rückt die Darstellung in die Nähe archaischer Mythologien in Ägypten und Assyrien, in denen das Auge als Symbol des Sonnengottes Medium der Schau im tiefsten und umfassendsten Sinn ist. Damit zeichnet sich auch ein entscheidender Wandlungsprozeß für die Gruppe ab. Augen als Spiegel der Seele wurden sehend, sie wurden aus dem vegetativ, unbewußten Bereich der grünen Augen in den Bildern des aggressiven Bereichs erlöst zum solar-geistigen Prinzip.

Das bedeutet aber auch, daß das dominante Mütterliche in seiner unbewußten, blinden Gefährdung (siehe auch »Frau Bösewichtin«) da, wo es überbordend einen Bereich besetzt hatte, der ihm nicht zukam, relativiert werden konnte und das Sehen zu einem autonomen Prozeß lebendiger, d.h. auch angstfreier Geistigkeit sich entfalten konnte.

Das Böse in Leiblichkeit und Geschlechtlichkeit

Das Thema, das gewissermaßen als basso continuo jegliche therapeutische Konfrontation mit dem »Bösen« untermalt, ist die Auseinandersetzung mit der Leiblichkeit und damit verbunden, der individuellen Geschlechtlichkeit.

Dieses Gebiet ist jedoch auch heute noch weitgehend tabuisiert. Seine bewußte Thematisierung und Strukturierung im Rahmen der therapeutischen Arbeit weckt eine Fülle von Ängsten, mobilisiert Hemmungen und Scham. Hier mögen jahrhundertealte Tabus bei aller Aufgeklärtheit unserer Zeit emotional ebenso wirksam sein, wie individuelle Erfahrungen und Identifizierungen. Die aufkommenden archaischen Ängste angesichts dieser Thematik müssen häufig mit Hilfe von Abwehrhaltungen der Verleugnung, Verschiebung und Verkehrung ins Gegenteil in Schach gehalten werden. Die Brisanz der Frage nach der Rolle als individuelles Geschlechtswesen wird weitgehend verharmlost, die aufkommende Beunruhigung durch regressive Einstellungen neutralisiert.

Die auftauchenden massiven emotionalen Schwierigkeiten umfassen das Annehmen der eigenen Person in ihrem leiblichen So-Sein, aber damit verbunden ebenso stark das Annehmen des eigenen Geschlechts. Erschwerend und belastend wirken in diesem Zusammenhang unbewußte und halbbewußte Vorstellungen der Umwelt im Hinblick auf die Rolle des Kindes. Eine oft mit dem realen Geschlecht des Kindes nicht übereinstimmende Wunschphantasie der Eltern kann letztlich vom Kind als zwingendes Muß zum Anders-Sein übernommen werden und die Findung einer geschlechtsspezifischen Rolle ebensosehr verhindern, wie einen erfolgreichen Identifizierungsprozeß mit dem gleichgeschlechtlichen Elternteil, der für das Kind nicht akzeptierbar ist.

In der Auseinandersetzung mit dem Thema »Leiblichkeit« und »Geschlechtlichkeit« im engeren Sinn wird es also immer um eine Bewältigung der eigenen Geschlechtsunsicherheit, eines positiven Bejahens und Übernehmens der eigenen Rolle einerseits, aber andererseits auch darum gehen, in intensiver Zusammenarbeit mit den Eltern daran zu arbeiten, daß sie den Kindern gewissermaßen erlauben können, aus der Rolle des »Gebundenen« auszusteigen und die Projektionen der Eltern zurückzuweisen. Wenn diese positive Elternarbeit nicht stattfindet oder nicht gelingt, bringen wir die Kinder durch die analytische Arbeit in einen unlösbaren Loyalitätskonflikt, der auf der Polarität des elterlichen Auftrages einerseits und der durch die Therapie akzentuierten eigenen Wünsche und Notwendigkeiten andererseits basiert. Das muß dann zwangsläufig zu einem Scheitern, beziehungsweise zur Erfolglosigkeit der Therapie führen.

Innerhalb einer gemischten Gruppe, das heißt auf Grund der Anwesenheit sowohl weiblicher wie auch männlicher Gruppenmitglieder wird das einzelne Kind einfach durch die Tatsache des anderen zum Überdenken der eigenen Rolle genötigt, sei es in einer Abhebung oder in einer Identifikation.

Interessant war in diesem Zusammenhang, daß im Rahmen der zeichnerischen Darstellung der »Familie Bösewicht« die Tatsache der Geschlechtlichkeit der einzelnen Wesen in der Weise verleugnet wurde, als die Personen fast ausschließlich nur bis zur Gürtellinie dargestellt wurden. Im Durcharbeiten dieses Problems, einer weittragenden Angst vor geschlechtlicher Identität und Integrität, wuchs allmählich der Mut, sich mit der Einstellung zur eigenen Rolle als einem innerpsychischen Problem auseinanderzusetzen.

Hierbei zeigte sich zunehmend, in welcher Ambivalenz sich sowohl Mädchen als auch Jungen ihrer Geschlechtsrolle gegenüber erlebten. Bejahung wie auch Ablehnung der eigenen sexuellen Identität wurde schuldhaft erlebt; die Suche nach individueller Eigentlichkeit schob sich ängstigend in den Mittelpunkt.

Als zusätzliches belastendes Moment zur Dimension des individuellen, überwiegend durch die eigene Familie geprägten Erlebens, wirken sich jedoch auch gesellschaftliche Normen aus, die bis heute letztlich die männliche Rolle positiver bewerten.

Ein Mädchen, das sich weitgehend männlich identifiziert, eine burschikose, forsche »patente« Art entwickelt, wird von der Gesellschaft durchaus positiv eingeschätzt, was als verstärkendes Element wirksam werden kann. Ein »weicher« Junge, der seine Gefühle zeigt, »weibisch« sich verhält, wird sehr viel schneller als »nicht richtig« eingestuft. Insofern begegnete ich dem bewußt geäußerten Wunsch von Mädchen, ein Junge sein zu wollen sehr viel häufiger als der umgekehrten Situation. Die Wunschphantasien eines Jungen nach der weiblichen Rolle dürften in der Regel tiefer verdrängt sein und sich u. U. in der Umkehr darstellen, einer demonstrativen Männlichkeit, einer betonten Ablehnung und Abwertung des Weiblichen schlechthin.

Der Hermaphrodit: »Jugendlicher-Mann-Frau«

Ein Versuch dem Dilemma von Wunsch und Realität zu entkommen, erlebte ich im Bild der 10jährigen Myriam (Bild 24).

Das Bild »Jugendliche(r)-Mann-Frau« hatte in der Bearbeitung dieser Thematik Initialcharakter. Die Figur ist, wie bereits der Titel sagt, eine Verbindung von Gegensätzen auf verschiedenen Ebenen.

Im Vordergrund steht hierbei die Verschmelzung der polaren geschlechtlichen Identitäten in einer Person, wie sie uns in der Gestalt des Hermaphroditen überliefert ist. Im Hermaphroditen

106

symbolisiert sich das primitiv-ungeschiedene Beieinander von Gegensätzen auf einer noch weitgehend unbewußten Stufe, ein Zustand, den die Alchemie in der Symbolsprache mit dem Begriff »massa confusa« verband.

Die Darstellung der geschlechtlichen Doppelnatur des Menschen im körperlichen Bereich entspricht dem Empfinden der Doppelgeschlechtlichkeit der Seele, nicht als eines Urzustandes, sondern als Ausdruck der Sehnsucht.

Für die Gruppe bedeutete dieses Bild ein Stück Herausforderung, sich mit dem Thema Leiblichkeit und Sexualität auseinanderzusetzen.

Myriam bot in diesem Bild sehr direkt eigene Ängste vor Sexualität und die Scheinlösung einer Vereinigung der Polaritäten an. Sie versuchte auf magisch verfremdende Weise der Lösung ihres Problems, dem Bekenntnis zur Eindeutigkeit auszuweichen. Myriam war nicht nur auf Grund ihrer persönlichen Früherfahrungen in ihrer Geschlechtsrolle verunsichert. Auch die schuldhaft erlebte und gleichzeitig verführerische Bindungsbereitschaft in bezug auf den Vater und die befürchtete Rache der Mutter mußten den Wunsch, die eigene weibliche Rolle zu verleugnen, intensivieren.

Die ganze Familie drehte sich in diesem Teufelskreis der Rollenirritation, von unerfüllten Wünschen nach echter Nähe, Angst und Schuld. Myriam wurde zum Projektionsträger der Familie, mit dem doppelbödigen Auftrag, sich zwar zu ändern, jedoch letztlich ohne Beunruhigung der Familie, die weitgehende Neuorientierungen erzwungen hätte. Vielleicht liegt hier die Ursache der Notwendigkeit, für die Demonstration dieses Familiengeheimnisses eine zwerghaft-magische Gestalt zu wählen, die an symbolgeladene Erscheinungen eines König Laurien, eines Rigoletto gemahnen.

Die starren grünen Augen beeindruckten die Gruppe in besonderer Weise. Der Blick zielt ungerichtet ins Leere und scheint weit entfernt ein Ziel zu suchen. Die spitzen, feuersprühenden Haare stehen in seltsamem Kontrast zum mädchenhaften Rock, der fast ein wenig verharmlosend erscheint. Gleichzeitig weisen die engen Hosen und der braune Bart wiederum in den männlichen Bereich, so daß wir tatsächlich ein Symbolbild der geschlechtlichen Ambivalenz par excellence erleben. Die Unentschiedenheit bezieht sich jedoch auch auf die Frage des Alters, denn trotz der Bezeichnung eines Jugendlichen, ist die Figur vielmehr die eines Wesens von unbestimmbarem Alter. Myriam berührt damit eine neue, angstvoll erlebte Dimension, nämlich die Frage nach dem Alter und damit im Zusammenhang die Frage nach Leben und Tod. Hier zeigt sich erneut die Nähe zur elterlichen, speziell mütterlichen Problematik und die Schwierigkeit, weder alt noch jung sein zu können. Myriam erlebte das Älterwerden als angstvoll besetzte Überforderung, weil die Mutter emotional auf der Stufe eines pubertierenden Mädchens stehengeblieben war, das die fruchtbare Auseinandersetzung mit den Elternfiguren, speziell mit dem Vater, nicht bewältigen konnte und in ihrem Leben darum immer wieder nach Schutz und Geborgenheit suchte. Damit konnte sie natürlich den eigenen Kindern nicht die spezifisch mütterliche Dimension des Bewahrens, Schützens, Geborgenheit-spendenden Handelns erlebbar machen. Gleichzeitig war jedoch für die Mutter die Rolle eines jungen Mädchens ebenfalls angstvoll besetzt, denn damit müßten pubertäre, drängende Triebimpulse wahrgenommen werden. Die Mutter versuchte, den Konflikt mit Hilfe einer unbewußten moralischen Forderungshaltung gegenüber der Tochter zu lösen.

Myriam dagegen übernahm stellvertretend die negativen, von der Mutter nicht akzeptierten Eigenschaften, die sich vor allem ausdrückten in einer stark triebbedingten, undifferenzierten Bindungsbereitschaft einerseits, schweren Kontaktstörungen bei gleichzeitiger immenser kindlicher Erwartungshaltung andererseits.

Betrachten wir die Hände des »Jugendlichen«, Symbole tatkräftiger expansiver und aggressiver Auseinandersetzung, die das Leben aktiv handelnd ergreifen und begreifen können, so fällt auf, daß der Außenradius merkwürdig begrenzt erscheint durch schwarze Fingernägel. Hier könnte sich ein Hinweis ablesen lassen auf mögliche Einengungen im Hinblick auf Expansivität und auf der anderen Seite Abriegelungen gegenüber aggressiven Handlungen. Die Einschränkungen, die dieses Kind tatsächlich sowohl motorisch als auch emotional erlebte, wirkten sich letztlich hemmend aus auf die gesamte psychische Entwicklung und verhinderten eine sinnvolle Entwicklung von Eigenständigkeit, Unabhängigkeit und innerer Sicherheit.

Abb. 26: Vetter Amadeus Bösewicht

Abb. 27: Oskar Fettkloß von Bösewicht

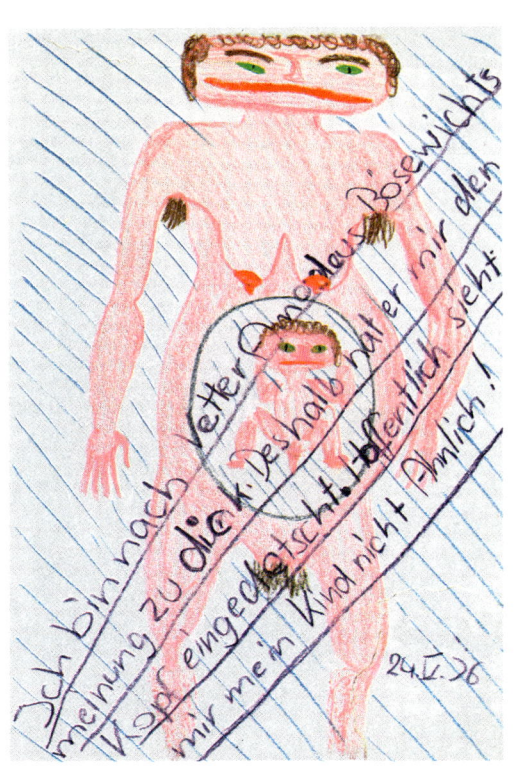

Ich bin nach Vetter Osmonlaus Bösewichts meinung zu dick. Deshalb hat er mir den Kopf eingeqlatscht. Offentlich sieht mir mein Kind nicht Ähnlich! 24.I.76

Abb. 28 oben: Mutter und Kind

Abb. 29 unten: Herr Bösewicht

Abb. 30 oben: Lutz Bösewicht

Abb. 31 unten:
Lutz, lat. Der Schraubstock

Bestätigend zu diesem Eindruck einer insgesamt eingeschränkten und begrenzten Motorik, und ins Psychische übertragen, eines Mangels an Eigenständigkeit, wählte Myriam innerhalb der Gruppe bei aggressiven Auseinandersetzungen immer den Weg des passiven Sichzurückziehens; sie verstummte und verschloß sich und ließ niemand an ihre eigenen Gefühle heran, an ein im tiefsten Grunde verzweifeltes und verletztes Herz.

Auch die Fülle der verwendeten Farben möchte ich in diesem Zusammenhang interpretieren. Ich meine, daß sie eher Abwehr- als Aussagekraft haben, da sie sich in ihrer Vielfalt im Grunde einer eindeutigen Interpretation entziehen. Im Vordergrund steht jedoch schwarz, das den Ausdruck der düsteren Starre, der Unbeweglichkeit unterstreicht. Dies wiederum könnte erneut an die bereits zum Teil verinnerlichte Problematik der Mutter anschließen, die mit Hilfe vorgefaßter Meinungen und Überzeugungen den Wust ihrer eigenen ambivalenten und widerstreitenden Gefühle zu steuern versuchte und damit dem Mädchen keinerlei positive angstfrei nachlebbare Identifikationsmöglichkeit anbot. Eine intensive Durcharbeitung dieser Frage, einmal im Hinblick auf die eigene Identität, innerhalb der Gruppe, und der damit verbundenen Frage der wechselseitigen Beziehung, aber auch im Rahmen von Gesprächen mit Mutter und Kind, ließen sich neue Einstellungsweisen entwickeln. Vor allem auch die Mutter konnte über Gespräche in ihrem Verhalten einen neuen Standpunkt gewinnen und einen lebendigen Kontakt zu den eigenen Gefühlen finden. Mutter und Tochter lernten sich sagen, was sie aneinander schätzten und was sie beim anderen schwer ertragen konnten, und erlebten, daß sich ihre Beziehung entspannte. Die Neuorientierung der Mutter ermöglichte eine positive Beziehung zum eigenen Weiblichen, so daß in einem Parallelprozeß sowohl Mutter als auch Tochter immer selbstverständlicher »ja« sagen konnten zur eigenen geschlechtlichen Identität.

In einer Übergangsphase mußte dieser Schritt überkompensatorischen Charakter haben, um die dahinter liegende Angst, die das Beschreiten eines neuen Weges begleitet, zu verdecken. Myriam ließ sich die Haare wachsen, trug Schmuck, zog häufig einen Rock an. Die Gruppenmitglieder reagierten auf dieses Verhalten durchaus ambivalent. Der sehr demonstrative Versuch, Weiblichkeit zu »tragen«, erschien ihnen wie aufgeklebt, veranlaßte sie aber gerade auf Grund der befürchteten Unechtheit in verstärkter Weise, sich immer wieder neu mit dieser Thematik und den eigenen Vorstellungen in bezug auf Weiblichkeit und Männlichkeit auseinanderzusetzen. Einen Niederschlag dieser zunächst noch tastenden, unsicheren Auseinandersetzungen, fand das Thema in einer Reihe von weiteren Bildern anderer Gruppenmitglieder. Häufig waren die Fragen nach der geschlechtlichen Identität unterstrichen durch eine aggressive Akzentsetzung. Ich möchte daraus schließen, daß einmal die aggressive Thematik, gerade weil sie bereits ein Stück weit durchgearbeitet war, vertrauter, weniger angstbesetzt war, zum anderen, daß der Prozeß einer Rollenfindung im Grunde ein »aggressiver« Akt ist. »Ja« zum Sein heißt »nein« zu anderen Rollenvorstellungen – Abgrenzung in der Konzentration auf echte Identität bedeutet Trennung von verführerischen Scheinbildern.

Die Ahnenreihe in ihrer Verleugnung geschlechtlicher Identität:
»Skelett Bösewicht«

Für diese vielschichtige und verwirrende innerpsychische Konfliktsituation steht in besonderer Weise das Bild von Cornelia, »Skelett Bösewicht« (Bild 25).
Es handelt sich nach der Bezeichnung des Mädchens offensichtlich um ein sehr, sehr altes Wesen. Ich möchte diese Tatsache ebensosehr wie das Phänomen, daß Cornelia ein Skelett malte, zunächst als Versuch interpretieren, etwas darzustellen, das sehr weit von der eigenen Person und dem eigenen (schuldhaften) Erleben entfernt sein muß. Diese gewissermaßen verfremdete Aussage ist sicherlich als Versuch zu verstehen, aufsteigende Ängste abzuwehren. Darüber hinaus hat die Tatsache, daß dem dargestellten Wesen sämtliche individuellen Züge fehlen, unter anderem sicherlich den Sinngehalt, daß die Darstellung, indem sie in ein archaisches Wirkfeld hineinreicht, in ihrer Aussage an allgemeiner Verbindlichkeit gewinnt und alle, die damit zu tun haben, ein Stück betrifft und angeht.

Die Mordwaffe, ein gelbes dolchartiges Instrument, das in der rechten Seite des Wesens steckt, wurde vom Ur-, Ur-, Ur-, Urenkel Bösewicht geführt, ein aggressiver, tödlicher Versuch, der jedoch auf der anderen Seite dem undifferenzierten, in gewissem Sinne androgynen Zustand dieses Wesens ein Ende bereitete.

Möglicherweise läßt sich aus dem Bild ein erster, vielleicht noch sehr bewußtseinsferner Versuch ablesen, die archaisch belastende Urerfahrung emotionaler Unlebendigkeit und damit verbundener Geschlechtsunsicherheit im Akt des Tötens, das heißt, in einem durch diesen Ur-, Ur-, Ur-, Urenkel provozierten Wandlungsgeschehen zu neuer Bewußtheit zu verhelfen. Die über das Bild geschriebene Frage: »Bin ich männlich, bin ich weiblich?« – könnte ebenfalls Ausdruck dieser unlösbaren Konfliktsituation innerhalb einer archaischen Früherfahrung verdeutlichen, die sich darstellt in einer inneren Ruhelosigkeit etwa vergleichbar dem Mythos vom »Fliegenden Holländer«. Auch hier bedeutet der Tod Ein-Schnitt in Getriebenheit, das Sterben Erlösung zur Menschlichkeit.

Im Gesamt des Bildes dominiert der Ockerton, d. h. ein verdunkeltes bräunlich überdecktes Gelb. Bereits hierin äußert sich die Zweigeschlechtlichkeit des Wesens, die im Gelb männliche, im Braun weibliche Aspekte zur Darstellung bringt.

Fast selbstverständlich ergab sich in der Gruppe anhand dieses archaischen Bildes die Diskussion über die realen Elternfiguren, wobei von besonderem Gewicht die Überlegung war, wie weit es sich lohne, sich mit Vater oder Mutter zu identifizieren, wie nachahmenswert das Vorbild von Vater und Mutter sein könne. Hierbei wurde deutlich, daß von entscheidender Bedeutung nicht das eigentliche Sein der Eltern war, sondern das, zu was sie im Erleben der Kinder wurden. Im Zusammenhang damit wurde auch meine Stellung als Therapeutin und weibliches Wesen innerhalb der Gruppe scharf unter die Lupe genommen, mit der kaum verhüllten Anfrage, inwieweit ich bereit und in der Lage sein würde, für Mädchen den positiv weiblichen Aspekt sichtbar zu machen, und umgekehrt, ob die Buben im Erleben positiver und gewährender Mütterlichkeit ihr Männlichsein als lebbare Qualität erfahren durften.

Die fortschreitende Bearbeitung des Themas »Leiblichkeit« schloß zunehmend auch konkrete Fragen der Sexualität mit ein und verstärkte das Bedürfnis zu ausführlichen Erörterungen über die Sexualität ansich, die Sexualität der Eltern, und das, was die Kinder sich selbst unter sexuellen Beziehungen vorstellten. Verständlicherweise provozierte die Auseinandersetzung mit der eigenen individuellen Sexualität zusätzlich große Ängste und Schuldgefühle und veranlaßte die Gruppe wiederum, in einer Art Pendelbewegung sich aus der verbalen Auseinandersetzung ein Stück zurückzuziehen um über das Medium des Malens weniger eindeutige und damit weniger belastende Aussagen zu machen.

Das gefährliche Andere: »Vetter Amadeus Bösewicht«

Als nächstes Bild (Bild 26) entstand Bettinas »Vetter Amadeus Bösewicht« mit dem Untertitel: »Aus lauter Eitelkeit macht er Schlankheitskuren und bringt alle Dicken um«. Allein an der äußeren Bezeichnung ist bereits viel von den Schwierigkeiten des pubertierenden Mädchens ablesbar. Zunächst wird der Wunsch, ein Junge zu sein, den sie sehr intensiv erlebte, dadurch entwertet, daß dieser Junge ausgesprochen böse ist. Das Problem des Mädchens und ihre Angst vor dem Dickwerden konnte sie auf diese Weise einigermaßen legitim dem Männlichen zuschieben, sich dadurch davon distanzieren und sich selbst etwas angstfreier bewahren. Insofern dürfte die Darstellung als eigenes Problem und eines mühsam larvierten Hasses auf Mutter und Mutteräquivalente wesentliche Aussagekräfte haben.
In der Betrachtung des Bildes fällt vor allem das große Augenpaar mit seinem kalten Ausdruck auf. Alle in der Gruppe waren sich einig, daß diese Augen eigentlich das Erschreckendste der ganzen Figur waren. Dieser Amadeus in seiner lautlosen Grausamkeit brachte die Gruppe sehr zum Nachdenken: Die merkwürdige Mischung zwischen Kind und Greis, die Grausamkeit der Absicht auf dem Hintergrund eines bleichen, unbewegten Gesichtes und untätiger Hände wirkten doppelt bedrückend, faszinierten und beunruhigten in gleicher Weise.
Bereits die Farben von Hose, Gürtel, Pullover weisen auf den de-

pressiven Hintergrund, der nur mühsam überspielt wird mit einer Aggressivität, die tötet, um nicht getötet zu werden. Die aktiven Farben bleiben ohne Kraft und Aussagewert, es entsteht eher der Eindruck einer düsteren, lebensverneinenden Einstellung. Vielleicht hat auch der scheinbar zufällig gewählte Name Symbolgehalt: Amadeus, der Gottgeliebte, ein lebhafter Gegensatz zum Destruktiv-Tötenden seiner Handlungen!

Hier läßt sich erneut ablesen, wie sehr Konflikthaftes immer wieder mit Hilfe von Abwehrhaltungen relativiert werden muß. Verleugnung der Realität und damit verbunden des eigenen So-Seins wurde für Bettina zum zentralen Pfeiler eines labilen Ichs und schützte vor Resignation und Verzweiflung. Die Rücknahme aggressiv-sadistischer Verhaltensweisen als Versuch der Aufrechterhaltung eines inneren Gleichgewichts, das bereits schwer erschüttert war durch den Suicid des Vaters, wird damit als Notlösung verstehbar.

Männlichkeit in seinen positiven Aspekten von Stärke, Kraft und schöpferischer Potenz konnten nicht mehr am realen Vater erlebt werden, sondern fanden in der moralisierenden Selbstgefälligkeit der Mutter einen verzerrten Niederschlag, die in ihrem Verhalten männliche Züge zu einer negativen, destruktiven Charaktereigenschaft entwertete. So war dem Mädchen der Weg nach vorn im Grunde in doppelter Weise versperrt: einmal durch die Mutter und die nicht akzeptierbare Identifikation mit ihr, andererseits durch das Fehlen eines positiven männlichen Leitbildes.

Regressive Verhaltensweisen und narzißtische Größenphantasien bedeuteten Ausgleich und Sackgasse zugleich.

Die Abwehr geschlechtlicher Identität:
»Oskar Fettkloß von Bösewicht«

Ein Gegenbild zum Vetter Amadeus scheint »Oskar, Fettkloß von Bösewicht« zu sein. (Bild 27). Myriam stellte damit, zwar zunächst scheinbar mit umgekehrten Vorzeichen, letztlich jedoch das gleiche Problem dar. Wir haben es auch hier mit einem Wesen zu tun, das keine eindeutige Identität besitzt, sondern vielmehr von den Kindern fast als Frau empfunden wurde: »Der hat ja einen Busen«. Das

Bild selbst wurde von allen als recht abstoßend erlebt, so daß verständlich wird, daß Myriam mit diesem Wesen, beziehungsweise über dessen Darstellung versuchte, sich mit der nicht eindeutig klaren, aber überwiegend weiblichen Identität an sich und ihrer persönlichen Ablehnung dieser Identität auseinanderzusetzen. Möglicherweise tritt in diesem Bild erneut der Aspekt des großen Weiblichen in seiner negativen Ausformung ins Bewußtsein, eines Weiblichen, das »alle Schlanken umbringt«. Symbolisch könnten damit auch die busenlosen, d. h. die schlanken Männer gemeint sein, so daß wir hier auf personaler Ebene Züge einer lebensbedrohenden Gorgo, eines Medusenhauptes, einer Sphinx entdecken, die individuelles Leben gefährden, vernichten.

Auffallend an diesem Bild ist, wenn wir uns den Einzelheiten zuwenden, die Häufung der Zahl Zwei: Wir finden zwei Augen, zwei betonte Nasenlöcher, einen zweigeteilten Mund, zwei Busen, zwei Falten. In der Betonung der Zahl Zwei symbolisiert sich wahrscheinlich der Hauptkonflikt des Mädchens, die problematisch erlebte Beziehung zwischen Mutter und Kind. Gerade die Tatsache, daß Myriam in frühester Kindheit häufig allein gelassen wurde, daß die Mutter entgegen ihren eigentlichen Wünschen berufstätig sein mußte, während der Vater seinen Studien nachging, muß für das Kind ein tiefes Mißtrauen in die positiven Qualitäten der Welt zur Folge gehabt haben. Die seelischen Entbehrungen ließen kein ungestörtes, vertrauensvolles Gefühl in die Welt entstehen. Mißtrauen, Gefühlsblockierungen und allgemeine Rückzugshaltungen schienen selbstverständlicher und schützender. Die maßlose Traurigkeit als Ausdruck hilfloser Verzweiflung über diese negativen Früherfahrungen, ebenso wie die sich ständig daran anknüpfenden negativen Folgeerlebnisse, mußten aus Angst vor weiterem Liebesverlust weitgehend verdrängt werden. Das kleine und unsichere Ich war in seiner Standfestigkeit auf eine durchgängige Verleugnung angewiesen, die absichernd und stützend wirken mußte. Zu dem Ich, das in Angst und Unsicherheit lebt, paßt sehr gut der Gesichtsausdruck des Wesens: ein tottrauriges Lachen, ähnlich dem Verhalten eines Bajazzo, der lacht, um nicht zu weinen.

Die Irritation in der gefühlsmäßigen Einstellung sowohl zum Weiblichen als auch zum Männlichen wird unterstrichen durch die Schrift, die, in grün und blau gehalten, von seiner symbolischen Bedeutung her in den weiblichen Bereich weist. Das Weibliche bedeutet ja vor allem auch die Qualität des emotionalen Mitschwingens, der Wärme und Geborgenheit spendenden Mütterlichkeit, die vom Kind aggressiv, das heißt angstvoll negativ besetzt ist. Nehmen wir hinzu das intensive Violett des Körpers, so dürfte hieraus einerseits ein Stück verhaltener Depression, aber auch die Chance zu einem neuen Verständnis männlicher und weiblicher Persönlichkeitsanteile in einem lebendigen, positiven Austausch auf der Basis eines neuen Körper- und Geschlechtserlebens herauszulesen sein.

Abschließend zum Thema Leiblichkeit im Rahmen der Bilderserie der »Familie Bösewicht« möchte ich auf zwei Bilder eingehen, die deutlich die Ehrlichkeit spüren lassen, mit der sich die Kinder diesem Thema stellten und nach einem eigenen Standpunkt suchten.

Der negative Aspekt der Fruchtbarkeit: »Mutter und Kind«

Cornelia war diejenige, die gemäß ihrer aktiven, vorwärtsdrängenden Art das Bild von »Mutter und Kind Bösewicht« in der ihr eigenen Plastizität malte (Bild 28). Das nackte weibliche Wesen hat ein Kind im Bauch, sollte aber bewußt sehr abstoßend wirken. Mit einem fast sadistisch anmutenden Genuß malte das Mädchen die Geschlechtsmerkmale und äußerte wiederholt, wie ekelerregend sie diese Frau erlebte.

Der extrem niedrige Kopf mit der »eingedetschten« Stirn könnte zeugen vom Fehlen einer geistigen Bezogenheit und damit den Schluß nahelegen, daß die Erfahrung der Leiblichkeit noch in einer gewissen Undifferenziertheit und Einseitigkeit besteht. Zu der Betonung der Geschlechtsmerkmale gehörte auch, daß Cornelia das Baby im Bauch der Mutter bereits mit einem kleinen Penis ausstattete. Der große Mund, der auffallend zusammengepreßt ist, hat alle Aspekte des Negativ-Fressenden einerseits, aber gleichzeitig ist er in seiner Verschlossenheit auch Symbol eines

Abgeschnittenseins vom Warmen, Spendenden, gefühlsmäßig sich Verströmenden. Die durch die weibliche Person ausgestrahlte rein sexuell orientierte Animalität scheint dem Mädchen keine positiven Möglichkeiten der Selbstfindung anzubieten.

Die Dominanz eines intensiven Rosa, verstärkt und akzentuiert durch das Rot von Mund und Brustwarzen, verleiht dem Ganzen einen fast blutrünstigen Aspekt. Es gehörte wohl zu einer Ergänzung des Dargestellten, daß Cornelia das Blatt nach Fertigstellung so abrupt vom Block riß, daß die oberste Kopfhälfte abgetrennt wurde. Alle in der Gruppe waren von diesem Vorgang betroffen. Wir erlebten es fast unter dem bedrohlichen Aspekt einer Enthauptung, die gleichzusetzen wäre mit einer nach oben verschobenen Kastration, womit der ängstigende Hintergrund der Sexualität und der Identitätsfindung abgesteckt wäre. Cornelia kommentierte den Vorgang folgendermaßen: »So, jetzt hat sie wirklich ihren Kopf eingedetscht bekommen.« Damit unterstützte sie nochmals den hervorstechenden Aspekt einer fehlenden Geistigkeit. Sexualität, Schwangerschaft und Geburt reduzieren sich auf eindimensionales Triebgeschehen, eingebunden in einen negativ-belastenden Wiederholungsprozeß, der durch die Gruppe so formuliert wurde: »Und so setzt sich das fort von einer Generation zur anderen, immer wieder ist das Kind wie die Mutter oder vielleicht auch wie der Vater, ob man will oder nicht.« Wir konnten uns dann innerhalb der Gruppe mit diesem tiefsitzenden Vererbungspessimismus auseinandersetzen, der auch ein ganzes Stück depressive Hoffnungslosigkeit mitbeinhaltete und dabei herausarbeiten, daß das Gesetz der negativen Wiederholung nur so lange wirksam ist, als der Vorgang unbewußt bleibt. Unsere gemeinsame Arbeit verstand die Gruppe zunehmend als Bemühen, diesen negativen Zyklus zu durchbrechen, sich gewissermaßen »mehr Stirn« anzuschaffen, um die Zusammenhänge zu verstehen, zu erfassen und zu durchdringen, was letztlich auch bedeutete, sich besser behaupten und durchsetzen zu können, im Sinne eigenster Individualität.

Das zweite Bild erlebten wir als offenes Bekenntnis zur eigenen
Sexualität: Harry malte den schon lange fehlenden »Herrn Bösewicht« (Bild 29). Er äußerte dazu: »Bei dem muß man wirklich
sehen, daß er ein Mann ist.« Bereits von der doppelten Papiergröße
her war das Werk eine imponierende Darstellung. Wir sehen einen
herrischen, eindrucksvollen Mann in seiner ganzen Länge mit
einem deutlich betonten Geschlechtsteil. Der Kopf ist diesmal
relativ klein, d. h. er hat die klassischen Proportionen zur übrigen
Figur (1:7). Daneben sind die Hände auffallend groß. Werfen wir
einen Blick zurück auf frühere Bilder und vergegenwärtigen wir uns
noch einmal, daß es sich gerade bei Harry um ein Kind handelt, das
primär mit seiner Intelligenz arbeitete, bekommt die Tatsache der
Betonung der Hände als handelnde Werkzeuge eine besondere
Bedeutung. Damit sagt Harry aus, daß die einseitige Dominanz des
Kopfes abgebaut werden konnte zugunsten eines aktiven, zupak-
kenden, handelnden Verhaltens, was insgesamt gesehen zu einer
Erweiterung der Gesamtpersönlichkeit führte. Die Betonung der
Hände in Harrys Bild läßt gleichzeitig an die germanische Bedeutung von Hand ist gleich »handelnde Kraft«, ist gleich »Heeres-
macht« denken und unterstreicht nochmals den Wandlungsprozeß
der Einstellungsweise Harrys, einseitige Intellektualität abzubauen
zugunsten von selbstbewußter Handlungsfreiheit.
Vom braunen, erdhaften Hintergrund hebt sich strahlend der
leuchtend gelbe Pullover ab als Symbol einer neuen und bewußt
handelnden Männlichkeit. Der über die Schulter gezogene Patro-
nenriemen trägt zehn schwarze Patronen. Die Zahlsymbolik kennt
die Zehn als vielfach determinierte Symbolzahl. Zehn hat immer
etwas mit dem Universum zu tun und ist in seiner Bedeutung mit
der Zahl Zwölf austauschbar. Es geht immer um eine gewisse
Universalität, sei es in China, sei es in Griechenland oder im Alten
Testament. Hier begegnet uns immer wieder die Zehn, und zwar
vorzugsweise, wenn es um entscheidende Handlungen geht, die
unter Umständen Wandlungsaspekte haben. Ein reizvoller Kontrast zu dieser reichen Vielfalt der Zehn bilden die vier Patronentaschen, die, wie schon oben erwähnt, ein konkreteres Symbol des

irdischen Universums sind (vier Himmelsrichtungen, vier Jahreszeiten). Im Gegensatz dazu steht die 3-Zahl der Kugeln als Symbol des männlich orientierten Werdens und Gedeihens. Die 3-Zahl entspricht einem eher transzendenten Universum und dürfte für uns symbolisieren, daß Harry möglicherweise eine Verschmelzung des Jetzt und Hier mit dem geistigen Prinzip in Ansätzen gelingen kann. Die grünen Hosen und braunen Schuhe vermitteln ein gewisses Gefühl von Standfestigkeit und erwecken symbolisch gesehen eine Parallele zum Werde- und Entwicklungsprozeß des Kindes: Die Füße erscheinen als Boden, aus dem sich die grüne Pflanze entwickelt, bis sie in strahlendem rot oder gelb ihre Pracht und Fülle entwickelt. Sicher ist eine befriedigende Synthese zwischen Leib und Kopf, das harmonische Ineinanderfließen von weiblichen und männlichen Bewußtheitsanteilen bis jetzt im Bild nur angedeutet, doch diese Möglichkeiten scheinen für Harry stark und lebenskräftig zu sein.

4. Die Übertragung unter dem Aspekt des Bösen

Der Übertragungsbegriff aus Freudscher und Jungscher Perspektive

Freud verstand unter dem Begriff der Übertragung den Vorgang einer Wiederbelebung von Gefühlen und Vorstellungskomplexen in der therapeutischen Situation, die sich im frühkindlichen Erleben entwickelt haben. Beziehungsgrundformen des Ichs zu diesen inneren Bildern werden in der Beziehung zum Analytiker, ebenso wie zur Gruppe neu und real erlebt.

Das heißt, daß Wahrnehmung und Empfindung in der spezifisch therapeutischen Situation umgeformt wird durch den Einfluß früheren Erlebens. Das innere geprägte Bild wird projiziert und damit die Realsituation beispielsweise des Therapeuten und der Gruppe entsprechend dieser Erfahrung erlebt.

Gleichzeitig spielt sich jedoch auch zunehmend ein gegenläufiger Prozeß ab, nämlich, daß das Inbild durch die beständige Auseinandersetzung mit der neuen positiven therapeutischen Realität korrigiert werden kann, so daß sich pathologische Früherfahrungen revidieren lassen und allmählich auch die Eltern sich dem Kind in einer neuen Weise darstellen, als Menschen, die nicht das Böse wollten, sondern in ihrer subjektiven Begrenztheit das ihnen Mögliche versuchten.

Hier nähern wir uns der symbolischen Auffassung Jungs, der den Übertragungsbegriff weiter faßte. Er erlebte zusätzlich im Rahmen der Übertragung Projektionen archaischer Bilder, Polaritäten, die durch den Prozeß der Bewußtwerdung nach Integration und Vereinigung streben. Es geht also letztlich um eine Ganzwerdung über die Auseinandersetzung mit den Extremeinstellungen des Menschen als einer individuell geprägten und kollektiv angelegten Gegebenheit, die zur Aufgabe als etwas Aufgegebenem drängt.

Übertragung und ihre fruchtbare Bearbeitung bedeutet das Aufgeben einseitiger Lebenseinstellungen und Identifikationen mit Extremen, um den Sinngehalt des Seins über eine Konfrontation mit Gefühl und Erleben zu erahnen und ihm zu einer neuen Wertigkeit innerhalb der bewußten Lebensführung zu verhelfen. Damit wird das Übertragungsgeschehen sowohl zu einem dialogischen (Freud), als auch autonomen (Jung) Prozeß.

Die Übertragung im Rahmen einer therapeutischen Gruppe

Wesentliches Anliegen der gruppentherapeutischen Arbeit mit Kindern sehe ich darin, daß diese auf der Basis eines allmählich wachsenden Vertrauens in den Therapeuten und in die Gruppe die Fassade freundlicher Gefügigkeit zunehmend aufgeben können und lernen, den Erwachsenen in seiner Überlegenheit kritisch in Frage zu stellen.

Dies beinhaltet zweierlei: Einmal hat das Kind die Chance, im Therapeuten und in der Gruppensituation frühe belastende Erfahrungen in ihrer leidvollen Prägung wiederzubeleben in einer immer neu zu erprobenden Gewißheit, daß es trotzdem gehalten, ausgehalten wird.

Erst diese Sicherheit, daß nicht Liebesverlust, sondern Verstehen und Bearbeiten der individuellen Problematik die Konsequenz ist, schafft die Voraussetzung für das andere: Das Kind erfährt die positiven Wirksamkeiten der archaischen inneren Bilderwelt und kann in der Begegnung mit diesen heilenden Kräften zu einem neuen Verständnis der eigenen Person gelangen.

Gruppe und Therapeut

Die Aufgabe des Therapeuten und der Gruppe verstehe ich in diesem Zusammenhang einmal im Zulassen der Projektionen, im Erkennen des Allgemeingültigen im Gewand des individuellen Schicksals und damit gleichzeitig der Tatsache, daß jedes persönliche Erleben Grunderfahrungen der Menschheit durchschimmern läßt. Im Aufnehmen der Ambivalenz gegenüber diesen Polaritäten, im Ausgleichen der Spannung von Individualität und Kollektiv vollzieht sich Suchen und Finden der inneren Einheit.

Die Gruppe wirkt in diesem mit viel Angst verbundenen Prozeß zusätzlich als einerseits irritierender, letztlich jedoch sichernder und stützender Faktor. In der Frage nach der Wirklichkeit jedes Einzelnen durch die Gruppe liegt eine provokatorische Geste, die zu sich wandelnden Eigenerfahrungen und damit zu immer neuen Entwicklungsschritten Anreiz bietet.

Die kritische Auseinandersetzung mit mir als Übertragungsobjekt und gleichzeitig in meiner therapeutischen Funktion innerhalb der Darstellungen der Familie Bösewicht, verstand ich als Versuch, als unbewußte »Notwendigkeit«, die Irrealität des Bösen zur Realität des Therapeuten zu machen.

Damit wurde das therapeutische Feld Austragungsort individuell erfahrener Belastungen, gleichzeitig jedoch auch Möglichkeit, im Bösen den prospektiven Ansatz zu einer neuen, menschlicheren Wirklichkeit zu entschleiern, die zum Ausgangspunkt für eine Korrektur individuellen und überpersönlichen Erlebens wurde.

»Lutz Bösewicht«

Zum Initialbild im Rahmen dieses Reifungsprozesses wurde Markus' »Lutz Bösewicht« (Bild 30).

Das Weibliche wird in der Übertragung zum Bösen an sich, die phallischen Attribute eines Riesenhammers und eines Bohrers zu Abzeichen grausamer Macht und Stärke. Die als böse erlebten Eigenschaften formulierte Markus so: »Sie bohrt und schlägt gnadenlos.«

Wir erlebten darin die Angst der Kinder, von Markus stellvertretend ausgedrückt, vor gnadenlosen analytischen Formulierungen, denen gegenüber sie sich wehrlos fühlen. Hier spielt sicher der individuelle Aspekt belastender Früherfahrungen am Bild einer fordernden Mutter mit hinein, gleichzeitig aber auch der überpersönliche Aspekt des Ausgeliefertseins an eine machtvolle Dominanz, deren bedrohliche Geste für das Kind zum Ausdruck eigener Unterlegenheit wird.

Betrachten wir das dargestellte Wesen in seiner archaischen Aussage und vergleichen wir es mit dem Bild der »Frau Bösewichtin«, wird ein deutlicher Wandlungsprozeß spürbar. Die Figur ist nackt, damit gleichzeitig verführerischer; offener, verletzender, aber auch verletzbarer. Vor allem erscheint mir der Aspekt einer im Bild dargestellten lebendigen Dynamik entscheidend. Die Figur geht mit großen Schritten nach links (in Gesundheitssandalen!) und deutet damit den Weg der notwendigen Konfrontation mit der heilenden psychischen Substanz des Weiblichen an, die noch unerlöst im Unbewußten schlummert. Vergegenwärtigt man sich darüber hinaus, daß Markus mit diesem Bild auch einen Teil seiner eigenen Möglichkeiten darstellt, geht es wohl auch für ihn um eine kämpferische Auseinandersetzung mit dem Unbewußten der Großen Mutter, eine Auseinandersetzung, die er zunächst nur in der therapeutischen Situation leisten kann, die aber zu einem gnadenlosen Kampf führen muß, um den Weg der Selbstbefreiung einzuleiten.

Das für die Gruppe zunächst fast erschreckende Bild gewann in der wiederholten und zunehmend humorvollen Konfrontation mit der Realität meiner Person ein fast befreiendes Moment. Es wurde üblich, meinen therapeutischen Interventionen und Deutungen in selbstbewußterer Weise zu begegnen und mit Hilfe eines ironischen Untertones sich der befürchteten Macht des Weiblichen zu stellen: »Sie bohrt und schlägt mal wieder gnadenlos...«

»Lutz, lat. Schraubstock«

Drei Bilder Cornelias schließen sich thematisch an, die die Auseinandersetzung mit der Therapeutin als individuell mächtige Erwachsene, als Übertragungsobjekt der frühen Erfahrungen einer beherrschenden Mutterpersönlichkeit, des wiederum spürbar werdenden Aspektes des Archaisch-Weiblichen in seinen lebensbedrohlichen und vernichtenden Qualitäten beinhalten.

Zunächst entstand, flüchtig hingeworfen: »Lutz, lat. Schraubstock« (Bild 31). Meine im Bild dargestellte brutale Haltung, ein verkniffener Mund, entschlossene Aggressivität im Kontrast zur Hilflosigkeit eines Mannes, der der Vatergeneration zuzuordnen ist, drücken deutlich aus, wie gefährdet das Männliche individuell und kollektiv in der Konfrontation mit dem Weiblichen erfahren wurde. Die Gruppe, vor allem die Jungen, fühlten sich durch das Bild außerordentlich angesprochen, so daß naheliegt, daß Cornelia hiermit stellvertretend für die Gruppe existentielle Gefährdung des Männlichen durch das Weibliche in meiner Gestalt ausdrückte.

»Die Erpresserin ohnegleichen«

Die zum Teil laut geäußerte Unterstützung animierte Cornelia zu einem thematisch ähnlichen Bild, das sie bezeichnete mit dem Titel »Die Erpresserin ohnegleichen« (Bild 32). Diesmal wird ein Junge von mir in den Schraubstock genommen. In dieser Demonstration der Macht und Überlegenheit, die meine Riesenhaftigkeit nur noch in Ausschnitten andeutet, wiederholt sich wiederum die subjektive Erfahrung, daß das starke Weibliche, erschreckend in seiner Überlegenheit das Männliche manipulativ »in die Zange« nimmt. Deutlicher kann wohl das Triumphieren des Matriarchats, das den Mann als Objekt eigener Machtvollkommenheit benutzt, nicht dargestellt werden.

Der Junge mit seinen schwarzen Haaren dürfte wohl auf individueller Ebene Cornelias zeitweilig sehnsüchtig gewünschtes Gegenbild sein, das, was sich zunächst in der Tendenz ausdrückte selbst Junge zu sein und sich allmählich modifizierte zum Wunsch, einen Freund, einen Vertrauten zu haben. Ob sich im Wahrnehmen eines leidvollen Untergangs dieser Wunschvorstellung nach männlicher Identität, die nie Realität wird, die Geburtswehen für eine neue Form des Seins ankündigen, die das vorläufig noch kleine und hilflos Männliche aus den Händen der großen und gefährlichen Mutter erlösen muß, um es in die eigene Weiblichkeit zu integrieren, bleibt noch offen, könnte sich jedoch in den kräftigen Farben und einer bei aller Hilflosigkeit doch fast triumphierenden Geste des Jungen andeuten.

123

»*Nervensäge Lutz*«

Cornelias letztes Bild, das für sie die Serie ihrer Familie Bösewicht-Repräsentanten abschloß, nannte sie »Die Gruppennervensäge Lutz« (Bild 33). In diesem Bild wird in seinem ganzen Spektrum nochmals die Wirksamkeit des Bösen, ablesbar am Tun und Sein der Therapeutin in seiner erschreckenden Übermacht dargestellt.

Die zerstückelnde, wahrhaft kastrierende Funktion der krallenartigen Hände im Verein mit den scharfen, nach oben weisenden Spitzen der Bandsäge betonen nochmals die Ohnmacht eines Kindes, die Cornelia stellvertretend ausdrückt, angesichts einer Gewalt, die, nach außen projiziert, letztlich Ausdruck der eigenen Persönlichkeit ist.

Betrachten wir die Details, wird jedoch deutlich, daß innerhalb dieses lebensbedrohlichen Bildes auch andere, positive Möglichkeiten, sei es auch nur in Form eines Entwurfes, sichtbar werden: Drei rote Laubsägen mit grünen Griffen scheinen zu den schwarzen Zacken der »Nervensäge« ein gewisses Gegengewicht zu bilden. In der farbsymbolischen Verbindung von rot und grün künden sich gegensatzverbindende Qualitäten an, so, wie auch bereits der Bogen der Laubsäge dem zerstückelnden Prinzip gegenüber harmonisierende, verbindende Qualitäten aufweist. Ihre Entsprechung finden die Laubsägen in wiederum drei Gliedmaßen, zwei Händen und einem Fuß, der in einem Stiefel steckt.

Die zweimalige Betonung der Zahl Drei im Verein mit der gelben Farbe als Ausdruck von Weite und Aufgeschlossenheit deutet möglicherweise auf Cornelias neue Fähigkeit, begreifend, handelnd einen neuen Weg einzuschlagen. So betrachtet ist der Vorgang des Zerstückelns Wandlungssymbol, ein Gegensatz zum werdenden Kind im Mutterleib, dem ebenfalls von Cornelia gestalteten Motiv.

Aus der Zerstückelung setzt sich das Leben wieder zusammen, ein Gedanke aus den Sonnenmythen, der sich auch im »Timaios« des Platon wiederfindet: »Die Weltteile sind mit Stiften aneinandergeheftet«. In Wandlung und Neubeginn vollzieht sich möglicherweise auch eine Versöhnung der Gegensätze auf höherer Ebene: Das andere ist nicht mehr der vernichtende Gegensatz, Ausdruck

Abb. 32 oben: Die Erpresserin ohnegleichen
Abb. 33 unten: Die Gruppennervensäge Lutz

Abb. 34 oben:
»Immer Druck ausüben«

Abb. 35 unten:
Aggressives und liebendes Paar

Abb. 36 oben:
Doppelgesicht Bösewicht

Abb. 37 unten:
»Nichts oder das Entscheidende«

Abb. 38 und 39: Wandlung

übersteigerter Sehnsucht oder verneinender Wut, sondern Möglichkeit zur Ergänzung der eigenen Persönlichkeit auf dem Wege der Kommunikation und Integration, so, wie sich im Mittelfeld des Bildes Laubsäge und Bandsäge, das Gebogene und das Gerade, umschließen, eine Einheit bilden, ohne ihre spezifische Eigenart zu verlieren.

»Immer Druck ausüben« (Bild 34)

Sehr zurückgezogen malte Harry, während sich die Gruppe schon während des Entstehens lebhaft mit dem Bild Cornelias auseinandersetzte, an einem Bild, wobei ihm daran lag, daß es erst nach seiner Fertigstellung von der Gruppe gesehen und besprochen wurde. In dieser Darstellung faßt er, ebenso wie Cornelia, aber auf einer anderen Ebene die Wirksamkeit des Therapeuten im Hinblick auf die Gruppe zusammen. Er deutet Übertragungsphänomene auf der individuellen Ebene an, weist aber letztlich mit dem Gesamt auf einen überpersönlichen Gehalt, der sich im Symbol des zehnstrahligen Sterns erfassen läßt. Er überschrieb sein Bild mit den Worten: »Lutz, immer Druck ausüben« (Bild 34). Eine Faust umspannt etwas Geschlossenes, das er als Gruppenganzes bezeichnet. Sie wird umgeben von einem zehnstrahligen Stern, der einerseits die blitzartige Gewalt, die Kraft dieses Druckes spürbar macht, zum anderen aber auch etwas ahnen läßt von der erleuchtenden Kraft eines Fixsterns. Er kommentierte selbst: »Dieser Stern leuchtet aus sich heraus.« – und weiter: »Es sieht immer so aus, als ob die Lutz Druck ausüben würde, als hätte sie die Macht, uns zu etwas zu bringen, was wir sein sollten oder sein könnten . . . . aber da habe ich Angst. . . und vielleicht ist es irgendwo noch ganz anders.«
Mit diesen Worten deutet Harry etwas an von einem für die ganze Gruppe zunehmend erlebbaren Doppelaspekt der therapeutischen Situation: Einerseits müssen die Kinder sich in der Beziehung zum Therapeuten immer in der Gefahr erleben, einem immensen Druck ausgesetzt zu werden, zu etwas zu werden, was ängstigt, bzw. etwas wahrzunehmen, was quält, beunruhigt, das aber gleichzeitig auch die Chance beinhaltet, blitzlichtartige Erkenntnisse im Hin-

blick auf die eigene Person zu gewinnen, Erkenntnisse, die darüber hinaus nicht nur den Menschen in seiner individuellen Eigenart, sondern den Menschen als kollektives Wesen begreifen, der mit seinem Sein Teil des Universums ist. Dieser Deutungsaspekt dürfte durch die zehn Strahlen des Sterns unterstützt werden, deren Symbolik Universalität, Umgreifendes, Allumfassendes enthält und darüber hinaus auch den positiven Ansatz eines sich Gehaltenfühlen im bergenden Bereich einer Gruppe nahelegt.

Vielleicht stellt Harry malerisch damit eine sehr wesentliche Erkenntnis dar, die in ihrer Bedeutung korrespondiert mit dem zurückgezogenen Geheimhalten seines Malprozesses. Übertragen wir den Gehalt auf die Subjektstufe, könnte sich die Entwicklung einer eigenen Kraft und Stärke abzeichnen, einer Stärke, die im handelnden Tun, im Ergreifen, Möglichkeiten des Begreifens gerade auch des Universums entwickelt und damit aus der einseitig kopforientierten Weltsicht zur aktiven Handlungsfreiheit wird.

5. Auseinandersetzung mit der Dämonie des Bösen

Die Integration des Bösen als Wagnis und Ziel jeglichen therapeutischen Bemühens, ist der Versuch, bisher nicht angenommene Seiten, die verdrängt, abgewehrt wurden, als zur eigenen Person zugehörig zu erkennen, sie in ihrer Qualität zu sehen und sie der bewußten Persönlichkeit und Lebenseinstellung anzugliedern. Es ist im Grunde ein menschlicher Prozeß, der eine Grundthematik des Menschen in vielfältigen Variationen immer neu berührt und nach Lösung drängt.

Es ist entscheidend innerhalb der therapeutischen Arbeit, die ja letztlich Chance für eine bessere Lebensbewältigung bedeuten soll, die schuldfreie Erkenntnis der Doppelnatur des Menschen zu vermitteln, d.h. bei sich und beim anderen akzeptieren zu können, »ein Mensch mit seinem Widerspruch« zu sein (»Huttens letzte Tage«, C.F.Meyer). Im Entwicklungsprozeß einer neuen Wahrnehmungsfähigkeit in bezug auf die eigene Person und das Du des anderen verändert sich das Ich in seiner Flexibilität und Belastbarkeit, relativieren sich fordernde Überansprüche und maßlose Erwartungshaltungen zugunsten einer freieren, ausgeglicheneren Gesamtpersönlichkeit. Damit wird kein Patentrezept zum glücklichen Leben angeboten, aber sich lebenslang konstellierende Konfliktsituationen können aus einem neuen Blickwinkel das Spannungsverhältnis von Geben und Nehmen, von Ichbezogenheit und Fremdbezogenheit besser lösen.

Insofern erscheint mir die Gruppentherapie in ihrer Situation und Funktion ein Vertreter dieses Doppelaspektes zu sein und damit lebendiges Leben im Kleinen zu symbolisieren und einzuüben. Die Gruppe lebt von einer sich täglich neu konstellierenden Polarität, von unvereinbar zu sein scheinenden Extremen und stellt an jeden Einzelnen die immer neue Forderung nach einer Versöhnung der Gegensätze als ein äußeres und inneres Geschehen, um sich selbst, die eigene Persönlichkeit zu finden.

Damit ist Gruppentherapie in ihrer spezifischen Eigenart bereits eine entscheidende Hilfe, die Ambivalenz der Gefühle und Bedürfnisse bestehen lassen zu können und Lösungsmöglichkeiten nicht in starren Alternativen, sondern in einem Sowohl-Als-Auch zu suchen.

Betrachten wir die letzten Bilder, die innerhalb der »Familie Bösewicht« entstanden, ist an ihnen ein Stück weit dieser Prozeß einer Erkenntnis um das Wesen des Menschen in seiner Widersprüchlichkeit und Doppelnatur spürbar und gleichzeitig eine Haltung, die bis zu einem gewissen Grad angst- und schuldfrei diese Gegebenheit als »Ist-Situation« akzeptieren kann.

Gegensatzproblematik in der Objektbezogenheit

Cornelia erfaßte und verarbeitete dieses Thema entsprechend ihrer extravertierten Einstellungsweise vor allem als Problem in der Welt der Objekte, wobei sie die Erkenntnis der zwei Seiten des Menschen gemäß ihrer Problematik auf der Ebene von Sexualität und Aggressivität malerisch darstellte (Bild 35).

Sie warf das Bild zweier sich liebender und sich bekämpfender Menschen in großer Schnelligkeit aufs Papier und meinte dazu halb wütend, halb belustigt: »So ist das mit den Menschen, dann lieben sie sich, dann schlagen sie sich. Es wäre doch leichter, sie täten nur eins oder das andere, aber so ist das halt.« Der Kampf der Geschlechter als Manifestation unserer Ambivalenz dem Ähnlichen und dem Fremden gegenüber, einer Ambivalenz, die den Weg zur Erkenntnis unserer eigenen gegengeschlechtlichen Seite immer wieder verstellt, wurde für die Gruppe nochmals zum großen Thema, wobei allmählich der Akzent nicht mehr auf der Unterschiedlichkeit, sondern auf der Gemeinsamkeit der Geschlechter lag.

Im dargestellten Bild der zwei Szenen bleibt der leidvolle Konflikt der Gegensätzlichkeit zwar noch bestehen, er wird sogar durch den braunen Strich in der Mitte des Bildes betont, trotzdem ist es Cornelia und mit ihr der Gruppe möglich, diese beiden Seiten der Liebe und der Aggressivität als auf ein Blatt gehörig wahrzunehmen. Damit deutet sich die Möglichkeit eines Akzeptierenkönnens der Gegensätze an, die zu einer Versöhnung im Symbol führen kann. Die über beiden Szenen brennende Kerze unterstreicht diesen verbindenden Aspekt. Die braune Schale, Symbol bergender Mütterlichkeit, läßt das Aufkommen des Lichtes nicht nur zu, sondern schützt und bewacht die wärmende Flamme. Ein neues Bewußtsein mag sich darin ankündigen, das das milde Licht einer lebendigen Klarheit in sich trägt.

Die Gegensatzproblematik als subjektive Gegebenheit

Harry, der zu Beginn der Therapie als extravertierter Denktyp brillierte und mit dieser überspielenden Eigenschaft die Umwelt für sich gewinnen konnte, wurde im Laufe der Therapie sich immer stärker seiner intuitiv-fühlenden Möglichkeiten bewußt und verstand im Prozeß dieser heilenden Introversion die Gegensatzproblematik als eine ihn betreffende individuelle Gegebenheit. So war auch sein »Doppelgesicht Bösewicht« (Bild 36) eine unmittelbar überzeugende Darstellung, die der Gruppe sehr eindrücklich die Doppelnatur des Menschen vor Augen führte mit ihren zweifachen Möglichkeiten, die unter Umständen immer wieder im Kampf miteinander liegen, denen wir zu einer Angleichung verhelfen, sie aber trotzdem in ihrer Unterschiedlichkeit bestehen lassen wollen.

Wir erleben zwei sehr unterschiedliche Gesichtshälften. Die vom Bild her gesehen rechte, rosa gefärbt, ist geprägt von einem starren fast toten Gesichtsausdruck. Das Auge erscheint leblos, die Iris fehlt. Die braunen Haare liegen wie eine Kappe fest am Kopf an. Insgesamt scheint sich hier ein Bereich darzustellen, der möglicherweise mit dem bei Behandlungsbeginn spürbaren undifferenzierten, unentwickelten Unbewußten des Kindes gleichzusetzen ist. Vielleicht darf darüber hinaus hierin auch die Starre einer durchgängigen Abwehr herauszulesen sein, die der Angst vor den heftigen unbewußten Emotionen, die als böse erlebt und darum unterdrückt werden müssen, gleichzusetzen ist.

Vergleichen wir damit die andere Gesichtshälfte, könnte man aus dem konzentrierten, aufmerksamen Gesichtsausdruck mit den aufeinandergebissenen Zähnen eine zwangvoll wache Bewußtseinshaltung herauslesen, in der ein gewisses Maß an Demonstration – vielleicht als Kompensation für Angst und Unsicherheit deutlich wird.

Die Nase, phallisches Symbol, tritt auf Grund der leichten Schwärzung plastisch hervor. Eine Entsprechung findet sich in dem merkwürdig grünen Wirbel, in dem die Haare dieser Seite enden. Deutet Harry damit die Notwendigkeit seiner damaligen Bewußtseinshaltung, einer notvollen Demonstration des Männlichen an, gerade weil das undifferenzierte Unbewußte und die damit verbundene Dominanz des Archaisch-Mütterlichen in seiner gefährlichen Ausformung drohte übermächtig zu werden?

In dieser Gegensatzspannung deutet sich im Auge mit der grünen Iris und der emporgezogenen Braue der zum Teil vollzogene Entwicklungsweg an. Der deutliche Eindruck des Geöffnetseins, der auch aus der aufsteigenden Linie der Stirnfalte spricht, läßt auf ein Wahrnehmen neuer Einstellungsweisen schließen. In der Verbindung beider Gesichtshälften zu einem Ganzen beweist Harry sich und der Gruppe die wachsende Fähigkeit, unbewußte und bewußte Einstellungsweisen zu verbinden, um damit zur gesamthaften Fülle eines neuen Erlebens zu kommen. Das Sehen des Unbewußten und das Einbeziehen seiner Wirksamkeit in die bewußte Lebensführung, das ist vielleicht das Neue, das Harry im Prozeß der eigenen Therapie erlebte und stellvertretend für die Gruppe darstellte.

Gegensatzproblematik und Sinnfrage in ihrer überpersönlichen Dimension

Das letzte Bild im Rahmen der »Familie Bösewicht« wurde von Harry gemalt. Die dargestellte Figur strahlt fast monumentale Wirkung aus. Hierzu paßt die Überschrift »Nichts oder das Entscheidende«, eine Aussage, die durch die Farbwahl schwarz und gelb und den damit verbundenen Kontrast noch unterstrichen wird (Bild 37).

Harry bietet hier nochmals die Gegensatzproblematik seines persönlichen Schicksals an: Das Gelb könnte Ausdruck sein für seinen Kampf um Verwirklichung männlicher Kräfte, um Selbstbehauptung in Freiheit und Selbstverantwortung. Das Schwarz symbolisiert dagegen die andere Seite seines Erlebens, die düstere Starre, die lebensfeindlichen, stagnierenden Tendenzen, die Weiterentwicklung und Reifung verhindern.

Im Bild läßt sich jedoch gleichzeitig auch der Entwicklungsprozeß der Gruppe ablesen, der durch die therapeutische Arbeit in Gang gesetzt wurde.

Schwarz in seiner lastenden Schwere könnte für das Dunkle des Unbewußten stehen, das im Verlauf des mühseligen therapeutischen Prozesses mit dem durch das Gelb symbolisierten Bewußtsein in Beziehung gebracht wurde.

In der gleichwertigen Wahrnehmung bewußter und unbewußter Einstellungsweisen entwickelte jedes Kind der Gruppe auf seine Weise Möglichkeiten, das Leben und sich selbst in seiner Ganzheit zu begreifen. Für keines der Kinder wurde damit sein persönliches Leben leichter. Die vier Gruppenmitglieder, die fast gemeinsam die Therapie abschlossen, konnten jedoch aus einem vertieften Verständnis für sich und den anderen neue Perspektiven entwickeln, sinnvoller zu leben und in diesem Zusammenhang auf neurotische Symptombildung verzichten.

Diese Sinnfindung, auch auf überpersönlicher Ebene, erschließt Harrys Bild bei intensiverer Betrachtung. Es ist nicht nur Darstellung einer Entweder-Oder-Spannung, sondern darüber hinaus Hinweis auf die Zusammengehörigkeit heller und dunkler Persönlichkeitsanteile. In der Verwirklichung beider Seiten des Menschen wird Einheit erst möglich.

Das Verdrängen der dunklen Seite führt zur Einseitigkeit. Das Entscheidende liegt in der Ganzheit, die die Basis ist für das »wahre Selbst« und damit auch für eine adäquate Hinwendung zum anderen.

Die Kinder waren sich selbst, aber auch in besonderem Maße mir

131

Anreger, Ermutiger, Lehrmeister auf diesem gemeinsamen Entwicklungsweg. Mit Geduld, Humor und Protest halfen sie, daß das
»gnadenlose Bohren und Schlagen« maß- und sinnvoll wurde.

In großer Offenheit haben sie sich bereit erklärt, die Dokumente
ihres persönlichen Kämpfens zu veröffentlichen. Dafür möchte ich
ihnen an dieser Stelle danken.

Im Zusammenhang mit einer solchen Anfrage antwortete mir Cornelia kurz vor Drucklegung des Buches. Sie soll selbst zu Wort
kommen:

»Ich denke oft an die Gruppe und Sie, gerade in letzter Zeit. Immer
wieder merke ich, wieviel mir die Gruppe gebracht hat. Die Zeit
seither kommt mir ewig vor, obwohl es ja nur 2 Jahre sind. Ich hab
mich wirklich saumäßig verändert, ich fühl mich aber wohl
dabei ... In der Schule geht es mir gut, sie macht mir fast Spaß ...
Ich genieße das Leben und es ist eigentlich alles unglaublich
schön ...«

Ich sah Cornelia wenig später, kurz nach dem Tod ihrer Großmutter. In dieser Stunde verarbeitete sie den bewegenden Tod dieser
starken, bestimmenden und einengenden Frau (s. »Großmutter
Bösewicht«) in Bildern von denen sie meinte, daß sie eigentlich
noch zum Buch gehörten.

»Meine Großmutter war tot so anders, so klar, so frei, so ohne
Krampf und Härte ... es hat sich alles so geändert ...« Im ersten
Bild (Bild 38) wird der in leblosem Grau gestaltete Kopf umgeben
von einer Fülle warmer, lebendiger Farben, so daß er fast wie in
einer Aura steht. Die Hände umfassen eine Rose, Symbol des
Geheimnisvollen, der Wandlung. Diese Bedeutung ergibt sich aus
der Möglichkeit, in der Verbindung der Kelchblätter der Rose ein
Pentagramm ableiten zu können, eine uralte Zauber- und Bannfigur
des rätselhaft-magischen Welterlebens. Auch der Tod bedeutet eine
Schwellensituation, die vom Empfinden des Geheimnisses, einer
rätselhaften Wandlung begleitet wird; ein Gefühl, das Cornelia in
der realen Begegnung mit dem Tod erlebte, das aber wohl auch
Ausdruck ihrer persönlichen, letztlich nicht rational begreifbaren
Wandlung im Erleben und Empfinden ist.

Der Symbolgehalt der Ewigkeit, den die Rose zudem in sich trägt,
geht auf antike Vorbilder zurück. Die fünf auf rundem Grundriß-

stehenden Blütenblätter versinnbildlichten nach damaligem Erleben den sich wiederholenden Kreislauf des Kosmos. In dieser Wiederholung liegt gleichermaßen auch der irdische Prozeß des Werdens und Vergehens, ein Prozeß, den Cornelia in ihrem zweiten Bild deutlich macht (Bild 39).

Aus dem liegenden grauen Gesicht, das fast an eine Felslandschaft erinnert, wächst neues Leben, grünen Bäume, entsteht eine lebendige Welt.

Im malenden Geschehen erlebte Cornelia sehr bewußt die eigene Neueinstellung. Die einseitige Perspektive der Welt, dargestellt im Bild der »Großmutter Bösewicht«, erfuhr im Akzeptieren dieses Dunklen als innerpsychische Gegebenheit Erweiterung, eine neue, lebensverheißende Dimension in der Vereinigung der Gegensätze.

Zusammenfassung

Im Rahmen einer gruppenpsychotherapeutischen Behandlung setzten sich Kinder im bildnerischen Gestalten mit dem Phänomen des Bösen auseinander.

Dieser Schattenbereich wurde deutlich als Ausdruck subjektiv erlebter Problematik auf dem Hintergrund negativ belasteter Früherfahrungen. Die Auseinandersetzung auf individueller Ebene bedeutete die Erfahrung von Gemeinsamkeit im Erleben des überpersönlichen, allgemein betreffenden Gehaltes, die neue Dimensionen der Bewußtwerdung erschloß.

Die analytische Bearbeitung der Konflikte auf der Symbolebene ermöglichte Integration der abgespaltenen Persönlichkeitsanteile, ein Schritt, der gleichzeitig neurotisches Fehlverhalten als mißglückte Lösungsversuche innerpsychischer Konfliktspannungen unnötig machte.

Die Funktion des Therapeuten in der Gruppe ist eine sehr vielschichtige: Sie umfaßt ein Ansprechen des angstbedingten Abwehrverhalten, das Aufnehmen ambivalenter Gefühlsinhalte, Konfrontation und deutenden Umgang mit konfliktbesetzten frühkindlichen Erfahrungen und die Herstellung eines Bezugs zum »Jetzt und Hier« der therapeutischen Situation. Darüber hinaus ist seine Rolle charakterisiert durch die ständige, reflektierte Bereitschaft, sich in seiner eigenen Person als Folie für die Reproduktion frühkindlicher Dramen anzubieten.

Den sich erschließenden neuen Weg zu gehen, den leidvollen Prozeß der Auseinandersetzung mit der »Dämonie des Bösen« zu wagen, um das Böse als verwandelten Wert dem Bewußtsein zuzuführen, bleibt Aufgabe des Einzelnen, eine Zumutung, die in der Gemeinsamkeit der Gruppe gleichzeitig die Entwicklung einer neuen Echtheit im Kontakt mit dem eigenen Selbst und mit dem anderen verspricht.

Literaturangaben

Ammon, Günther: Gruppendynamik der Aggression, Kindler Verlag, München 1973

Balint, Michael: Angstlust und Regression, Rowohlt Taschenbuchverlag, Reinbek bei Hamburg, 1972

–: Therapeutische Aspekte der Regression, Ernst Klett Verlag, Stuttgart 1970

v. Beit, Hedwig: Symbolik des Märchens, Francke Verlag, Bern 1960

Bitter, Wilhelm (Hrsg.): Angst und Schuld in theologischer und psychotherapeutischer Sicht, Kindler Verlag, München o. J.

Blume, Christhilde: Kleinkinderzeichnungen, Spiegel der Entwicklung, Mellinger Verlag, Stuttgart 1976

Cohn, Ruth: Von der Psychoanalyse zur Themenzentrierten Interaktion, Ernst Klett Verlag, Stuttgart 1975

Dieckmann, Hans: Märchen und Symbole, Bonz Verlag, Fellbach 1977

Dold, Peter: Maske und Kinderpsychotherapie, Wilhelm Fink Verlag, München 1978

Erikson, Erik: Kindheit und Gesellschaft, Ernst Klett Verlag, Stuttgart 1965

–: Identität und Lebenszyclus, Suhrkamp Verlag, Frankfurt 1976

Eschenbach, Ursula (Hrsg.): Das Symbol im therapeutischen Prozeß, Bonz Verlag, Fellbach 1978

Frazer, James G.: Der goldene Zweig. Eine Studie über Magie und Religion, Kiepenheuer und Witsch, Ulm 1968

Fetscher, Rolf: Grundlinien der Tiefenpsychologie in vergleichender Darstellung, Fromman-Holzboog Verlag, Stuttgart 1978

Forstner, Dorothea: Die Welt der christlichen Symbole, Tyrolia Verlag, Innsbruck 1977

v. Franz, Marie-Luise u. a.: Das Böse, Rascher Verlag, Zürich und Stuttgart 1961

Freud, Anna: Das Ich und die Abwehrmechanismen, Kindler Verlag, München o. J.

–: Einführung in die Technik der Kinderanalyse, Ernst Reinhardt Verlag, München und Basel 1966

–: Wege und Irrwege in der Kinderentwicklung, Huber/Klett Verlag, Stuttgart 1968

Fromm, Erich: Haben oder Sein, DVA, Stuttgart 1976

Gottschalk, Herbert: Lexikon der Mythologie, Safari Verlag, Berlin 1973

Grant und Hazel: Lexikon der antiken Mythen und Gestalten, Paul List Verlag, München 1976

Grimm, Gebr.: Kinder- und Hausmärchen, Manesse Verlag, Zürich o. J.

Grimm, Jakob: Deutsche Mythologie, Bernina Verlag, Berlin-Leipzig 1939

Hacker, Friedrich: Aggression, Rowohlt Verlag, Reinbek bei Hamburg 1973

Heiler, Friedrich: Erscheinungsformen der Religion, W. Kohlhammer Verlag, Stuttgart 1961

Jores, Arthur (Hrsg.): Praktische Psychosomatik, Huber Verlag, Bern/Stuttgart/Wien 1976

Jacobi, Jolande: Komplex, Archetypus und Symbol, Rascher Verlag, Zürich und Stuttgart 1957

–: Die Psychologie von C. G. Jung, Rascher Verlag, Zürich und Stuttgart 1959

Jacoby, Mario u. a.: Das Böse im Märchen, Bonz Verlag, Fellbach 1978

Jung, C. G.: Bd. 5 Ges. Werke: »Symbole der Wandlung«, Rascher Verlag, Zürich und Stuttgart 1973

–: Bd. 6 Ges. Werke: »Psychologische Typen«

–: Bd. 7 Ges. Werke: »Über die Psychologie des Unbewußten«

–: Bd. 14 »Mysterium Conjunctionis«

–: Bd. 16 »Zur Psychologie der Übertragung«

Kemper, Werner: Psychoanalytische Gruppentherapie, Kindler Verlag, München 1971

Kohut, Heinz: Narzißmuß, Suhrkamp Verlag, Frankfurt 1974

Loch, Wolfgang (Hrsg.): Die Krankheitslehre der Psychoanalyse, Hirzel Verlag, Stuttgart 1967

Lüscher, Max: Der Lüscher Test, Rowohlt Verlag, Reinbek bei Hamburg 1974

–: Farb-Form-Test, Color Testverlag, Luzern 1979

–: Der 4-Farben Mensch, Mosaik Verlag, München 1977

–: Signale der Persönlichkeit, Rowohlt Verlag, 8. Auflage, Reinbek bei Hamburg

–: Farben, visualisierte Gefühle, Druckfarbenfabrik Gebr. Schmidt GmbH., Frankfurt / M. 1978

Lutz, Christiane: Praxis der Gruppentherapie, Bonz Verlag, Fellbach 1976

Mahler, Margaret S.: Symbiose und Individuation, Ernst Klett Verlag, Stuttgart 1972

Menninger, Karl A. und Philipp S. Holzmann: Theorie psychoanalytischer Technik, Fromman-Holzboog Verlag, Stuttgart 1977

Miller, Alice: Das Drama des begabten Kindes und die Suche nach dem wahren Selbst, Suhrkamp Verlag, Frankfurt 1979

Mohr, Gerd Heinz: Lexikon der Symbole, Eugen Diederichs Verlag, Düsseldorf / Köln 1974

Neumann, Erich: Das Kind, Rhein Verlag, Zürich 1963

–: Die große Mutter, Rhein Verlag, Zürich 1972

–: Ursprungsgeschichte des Bewußtseins, Walter Verlag, Olten 1971

Plack, Arno: Die Gesellschaft und das Böse, Paul List Verlag, München 1974

Rappaport, E. A.: Das Großelternsyndrom in der Eltern-Kind-Beziehung, Wissenschaftl. Buchgesellschaft, Darmstadt 1977

Rattner, Josef: Aggression und menschliche Natur, Fischer Verlag, Frankfurt 1972

Richter, Horst Eberhard: Die Gruppe, Rowohlt Verlag, Reinbek bei Hamburg 1972

Richter, H. E. u. a.: Familie und seelische Krankheit, Rowohlt Verlag, Reinbek bei Hamburg 1976

Riemann, Gerd: Grundformen der Angst, Ernst Reinhard Verlag, München und Basel 1965

Sachs-Badstübner-Neumann: Christliche Ikonographie in Stichworten, Kösel Verlag, München 1973

Seifert, Friedrich und Rottraud: Bilder und Urbilder, Ernst Reinhard Verlag, München und Basel 1965

Spitz, René: Vom Säugling zum Kleinkind, Ernst Klett Verlag, Stuttgart 1974

–: Nein und Ja, Ernst Klett Verlag, Stuttgart 1970

Stachiw / Spiel: Entwicklung der Aggression bei Kindern, Kindler Verlag, München 1976

Stierlin, Helm: Von der Psychoanalyse zur Familientherapie, Ernst Klett Verlag, Stuttgart 1975

–: Eltern und Kinder im Prozeß der Ablösung, Suhrkamp Verlag, Frankfurt 1975

Siebs, B. E.: Weltbild, symbolische Zahl und Verfassung, Scientia Verlag, Aalen 1969

Strauß, Michaela: Von der Zeichensprache des kleinen Kindes, Verlag Freies Geistesleben, Stuttgart 1976

Slavson, R. S.: Einführung in die Gruppentherapie von Kindern und Jugendlichen, Verlag Vandenhoeck und Ruprecht, Göttingen 1971

–: Gruppenpsychotherapie mit Kindern, Verlag Vandenhoeck und Ruprecht, Göttingen 1976

Wickes, Frances: Analyse der Kinderseele, Rascher Verlag, Zürich 1969

Widlöcher, Daniel: Was eine Kinderzeichnung verrät, Kindler Verlag, München 1974

Zimmer, Heinrich: Indische Mythen und Symbole, Eugen Diederichs Verlag, Düsseldorf und Köln 1972

Zulliger, Hans: Die Angst unserer Kinder, Fischer Verlag, Frankfurt 1972

Wolfgang Köppe

Sigmund Freud und Alfred Adler

Vergleichende Einführung in die tiefenpsychologischen Grundlagen
1977. 100 Seiten. Kart. DM 15,–
ISBN 3-176-004250-5

Der Autor wendet sich an alle diejenigen, die einen ersten Einstieg in die komplexe Materie der Tiefenpsychologie suchen. Diesen Einstieg vermittelt er in einer leicht verständlichen und knapp abgefaßten Einführung in die theoretischen und praktisch-therapeutischen Konzeptionen von Sigmund Freud und Alfred Adler. Beide Systeme werden nacheinander vorgestellt: Jeweils ausgehend von dem historischen Hintergrund werden die Grundbegriffe der Psychoanalyse und der Individualpsychologie beschrieben, der Praxisaspekt rückt mit der Erörterung des therapeutischen Geschehens ins Blickfeld.

Walter Toman

Tiefenpsychologie

Zur Motivation des Menschen, ihrer Entwicklung, ihren Störungen und ihren Beeinflussungsmöglichkeiten
1978. 272 Seiten. Kart. DM 36,–
ISBN 3-17-001626-1
Basisbuch. Kohlhammer Standards, Psychologie.

Das vorliegende Buch gibt einen vergleichenden Überblick über die tiefenpsychologischen Motivationsmodelle, insbesondere auch über jenes von Freud. Es stellt ihre Implikationen und Anwendungsgebiete sowie ihre Operationalisierungsmöglichkeiten dar.
Besonders ausführlich ist die Diskussion der Anwendungsmöglichkeiten tiefenpsychologischer Konzeptionen und Modelle in der Psychotherapie. Die Gesprächsführungsregeln der klassischen Psychotherapie und Psychoanalyse werden durch praktische Beispiele veranschaulicht, Varianten der klassischen Psychotherapie und andere Formen einschließlich der Kinder-, Gruppen- und Familientherapie, aber auch der nicht-direktiven Therapie, der Verhaltenstherapie und der Kommunikationstherapie im tatsächlichen Verhalten von Therapeut und Klient verglichen. Beispielhafte Deutungsmöglichkeiten von Träumen und literarischen Schöpfungen sowie Darstellungen von psychotherapeutischen Gesprächen beschließen das Werk.

wk Verlag W. Kohlhammer
Stuttgart · Berlin · Köln · Mainz

Hanko Bommert / Ulf Plessen

Psychologische Erziehungsberatung

1978. 184 Seiten. Kart. DM 22,–
ISBN 3-17-004890-2
Reihe Verhaltensmodifikation, Diagnostik – Beratung – Therapie

In diesem Buch wird die Psychologische Erziehungsberatung in Theorie
und Praxis aus der herkömmlichen Gebundenheit an einzelne Beratungs-
»Schulen« herausgelöst. Spezifische Einseitigkeiten werden dadurch
überwunden. Die wesentlichen theoretischen Beratungskonzepte werden
dargestellt, bewertet und in ein übergreifendes Verlaufsmodell übertragen.
Sodann wird der diagnostische Urteilsprozeß diskutiert. Danach erfolgt
eine ausführliche Darstellung praktischer Interventionsmethoden für das
Erziehungsfeld. An einem kommentierten Praxis-Fall wird der neue
Ansatz abschließend im Zusammenhang demonstriert.

Siegfried Elhardt

Tiefenpsychologie

Eine Einführung
6. Auflage 1978. DM 8,–
ISBN 3-17-004934-8
Urban-Taschenbücher, Bd. 136

In dieser grundlegenden Ersteinführung in das umfangreiche
Gesamtgebiet der Tiefenpsychologie nehmen die Psychoanalyse und
der psychogenetische Entwicklungsaspekt beim Kind den breitesten
Raum ein. In allgemeinverständlicher Sprache werden bei voller
wissenschaftlicher Präzision die wesentlichen Grundbegriffe und
Theorien sowie ihre empirische Fundierung zugänglich gemacht und in
ihrer therapeutischen Anwendbarkeit für die Neurosenbehandlung
aufgezeigt. Der psychosoziale Aspekt und die Grundzüge der Therapie
werden mit einbezogen. Eine kurze Darstellung der »abweichenden«
Schulrichtungen (Adler, Jung) erweitert den engeren Rahmen über die
Psychoanalyse hinaus. Hinweise auf weiterführende Literatur sollen
das vertiefende Einarbeiten in die große Stoff-Fülle erleichtern.

Verlag W. Kohlhammer
Stuttgart · Berlin · Köln · Mainz